Franz Gröger

Die Gründung eines Financial Planning Unternehmens

Franz Gröger

Die Gründung eines Financial Planning Unternehmens

Grundlagen, Marktgegebenheiten, Businessplan

VDM Verlag Dr. Müller

Bibliografische Information der Deutschen Nationalbibliothek:
Die Deutsche Nationalbibliothek verzeichnet diese Publikation in der Deutschen Nationalbibliografie; detaillierte bibliografische Daten sind im Internet über http://dnb.d-nb.de abrufbar.

Kontakt: VDM Verlag Dr. Müller e.K., Dudweiler Landstr. 125 a, D-66123 Saarbrücken, Telefon +49 681/9100-698, Telefax +49 681/9100-988
Email: info@vdm-verlag.de
Coverbild: copyright www.purestockx.com
Covererstellung: Nina Hugo-Szymanek

Herstellung:
Schaltungsdienst Lange o.H.G., Zehrensdorfer Str. 11, D-12277 Berlin
Books on Demand GmbH, Gutenbergring 53, D-22848 Norderstedt

ISBN: 978-3-8364-1837-9

Inhaltsverzeichnis

Abkürzungsverzeichnis

a.a.O.	am angegebenen Ort
BVI	Bundesverband für Investment und Asset Management e.V.
bzw.	beziehungsweise
CFP ®	Certified Financial Planner ®
d.h.	das heißt
EFPA	European Financial Planning Association
EstG	Einkommensteuergesetz
f	folgende Seiten
ff	fortfolgende Seiten
GbR	Gesellschaft bürgerlichen Rechts
ggf.	gegebenenfalls
GoF	Grundsätze ordnungsgemäßer Finanzplanung
GuV	Gewinn und Verlustrechnung
i.d.R.	in der Regel
o.g.	oben genannt
PEA	Private Einnahmen und Ausgabenrechnung
RBerG	Rechtsberatungsgesetz
sog.	so genannter
u.a.	unter anderem
u.U.	unter Umständen
v.a.	vor allem
z.T.	zum Teil

Abbildungsverzeichnis

Anlagenverzeichnis

I. Problemstellung und Zielsetzung

Die Deutsche Gesellschaft erlebt derzeit einen tief greifenden Wandel. Die immensen demografischen Verschiebungen, die anhaltende Konjunkturkrise, die immer kürzer werdenden Konjunkturzyklen und die hohe Arbeitslosigkeit – all das stellt unsere staatlichen Sozialsysteme wie Renten-, Arbeitslosen- und Krankenversicherung vor Herausforderungen, denen sie immer weniger gewachsen sind. Eines wird dabei deutlich: An der Übernahme von mehr Eigenverantwortung in finanziellen Dingen durch jeden Einzelnen wird in Zukunft kein Weg vorbei führen. Sind die Menschen aber dafür gerüstet? Denn wer seine persönlichen Finanzen nicht voll im Griff hat – und wem es am nötigen Rüstzeug fehlt, um sie in den Griff bekommen zu können – der kann seine finanziellen Chancen nicht im vollem Umfang nutzen.[1]

Zu den klassischen Entscheidungen im Finanzbereich zählen das Sparbuch als erste Anlageform, der erste Kredit als Überziehungskredit für das Konto oder als Ratenkredit für eine Anschaffung, die Lebensversicherung und die Eigenheimfinanzierung. Eine Strategie ist hinter diesen Einzelentscheidungen oft nicht zu erkennen.[2] Einmal getroffene Entscheidungen werden auch bei geänderten finanziellen Verhältnissen oder Lebensumständen nicht auf den Prüfstand gestellt. Das Ergebnis ist eine in vielen Fällen durch Zufall entstandene Vermögensstruktur, über die viele Anleger häufig nur fragmentartige Informationen besitzen.[3]

Die Gründe für diese Fehlentwicklungen sind vielfältiger Natur. So sind die starke berufliche Beanspruchung, Zeitmangel und fehlendes Wissen über Finanzangelegenheiten einige Ursachen für das Fehlen einer Gesamtstrategie.

Daneben führt die sehr große Anbieterzahl und Anlagevielfalt zu einer Orientierungslosigkeit. Es gibt knapp 2.400 Kreditinstitute, rund 800 Finanzdienstleistungsinstitute und annähernd 700 Versicherungsunternehmen die in Deutschland von der Bundesaufsicht für Finanzdienstleistungen beaufsichtigt werden.[4] Im Bereich der Geldanlage ist mittlerweile in Deutschland eine unüberschaubare Vielfalt von Finanzprodukten entstanden. Es sind z.B. nur im

[1] vgl. http://www.commerzbanking.de/ideenlabor

[2] vgl. Ehrlich, Bernard / Dembrowski, Anke, Financial Planning – Ganzheitliche Finanzkonzepte für gehobene Anleger, Düsseldorf / Berlin (Metropolitan) 2002 , S.14

[3] vgl. Farkass-Richling, Dirk / Staab, Wolfgang , Private Finanz Planung – Ein neues Geschäftsfeld in der steuerberatenden Kanzlei, Freiburg / Dormagen, (Die Steuerberatung) März 2004, S. 124

[4] vgl. http://www.bafin.de

Bereich der Investmentfonds nach Angaben des Bundesverbands für Investment und Asset Management e.V. (BVI) insgesamt rund 7.000 Investmentfonds zum Vertrieb in Deutschland zugelassen. Darunter 1.051 Aktienfonds, 705 Rentenfonds, 94 Geldmarktfonds, 30 offene Immobilienfonds und 8 Hedgefonds. [5]

Außerdem führt das komplizierte deutsche Steuersystem, die verführerischen Rendite-Versprechungen mancher Anbieter und die Provisionsmaximierung der Vermittler zu einer großen Verunsicherung der privaten Anleger. Auch hat der in den letzten Jahren zu verzeichnende Börsencrash seinen Teil hierzu beigetragen.[6]

Eine durchdachte und konsequent verfolgte Finanzstrategie ist heute deshalb ohne externe neutrale Hilfe nicht mehr möglich. Der Einzelne ist auf individuelle, umfassende und produktneutrale Beratung angewiesen.

Es stellt sich dabei die Frage an wen sich ein Anleger wenden soll, um im „Dschungel“ der Anbieter den richtigen und geeigneten Produktpartner zu finden und mit Unterstützung welcher Spezialisten er eine erfolgsversprechende Finanzstrategie entwickeln kann?

Financial Planning könnte hierbei ein gutes und nützliches Instrument zur Lösung dieser Probleme darstellen. Im Vordergrund steht nicht ein produktorientiertes Verkaufsgespräch, sondern eine problem- und bedürfnissorientierte Beratung. Financial Planning möchte Klarheit und Ordnung in die persönliche Finanzsituation bringen, mit dem Ziel eine Gesamtstrategie zu entwickeln und eine Grundlage für fundierte Anlageentscheidungen zu bilden.

Bisher gibt es nur wenig reine Financial Planning Unternehmen in Deutschland. Das Ziel der nachfolgenden Ausführungen ist es deshalb die Gründung eines Financial Planning Unternehmens darzustellen.

Zunächst werden der Stand der Wissenschaft und die theoretischen Grundlagen erläutert. Daran anschließend erfolgt eine Darstellung des heutigen Status Quo von Financial Planning. Im letzten Teil wird basierend auf den vorangegangenen theoretischen Überlegungen ein Musterbusinessplan erstellt.

---

[5] vgl. http://www.bvi.de (Stand 31. Mai 2004)

[6] vgl. Schaubach, Peter, Financial Planning - Vom 60 Meter-Sprint zum Siebenkampf, Frankfurt am Main (IHK-Wirtschaftsforum), Februar 2001

II. Theoretische Grundlagen

1. Ursprünge des Financial Planning

Die Wurzeln des Financial Planning sind in den USA zu finden. Erstmals wurde eine Finanzberatung ähnlich dem heutigen Financial Planning in Nordamerika in den 60er Jahren durchgeführt. Financial Planning hat sich in den USA seitdem weit verbreitet: Mitte der 80er Jahre gab es bereits mehr als eine halbe Million Financial Planner in den Vereinigten Staaten.[7]

Die Gründe für die schon frühe Entstehung des Financial Planning in den USA im Vergleich zur Bundesrepublik Deutschland liegen in den unterschiedlichen wirtschaftlichen, sozialen und gesetzlichen Rahmenbedingungen beider Länder begründet. Daneben beeinflusste die amerikanische Mentalität und die besondere Beziehung zum Gut Geld die amerikanische Entwicklung des Financial Planning sehr positiv.

Die geringe soziale Absicherung im Vergleich zu Deutschland war ein Grund für den schon frühzeitigen großen Erfolg des Financial Planning in den USA. Der durchschnittliche Amerikaner musste im Vergleich zum deutschen Bundesbürger schon viel früher selbst Verantwortung in Bereichen wie etwa der privaten Altersvorsorge, der Absicherung gegen Krankheit oder Arbeitslosigkeit übernehmen.

Des Weiteren wurde der amerikanische Bürger durch die kostspielige Universitätsausbildung zu einer frühzeitigen finanziellen Vorsorge und Planung gezwungen.[8]

Eine weitere Ursache für die positive Entwicklung des Financial Planning ist im amerikanischen dualistischen Bankensystem begründet. Einwanderer aus England installierten in Amerika ein im Vergleich zu Deutschland unterschiedliches Bankensystem.

In Deutschland existiert ein Universalbankensystem. Universalbanken sind Banken, die unter einem Dach eine Vielzahl von Bankleistungen (Kreditgewährung, Anlageleistung, Zahlungsverkehr etc.) betreiben und dem Kunden anbieten.[9]

---

[7] vgl. Mittra, Sid, Practicing financial planning: a complete guide for professionals, Englewood Cliffs (Prentice Hall) 1990, S.23

[8] vgl. Hochberger, Bernd, Financial Planning – Eine Finanzdienstleistung für Private Haushalte des Retail-Segments, Wiesbaden (Deutscher Universitäts-Verlag) 2003, S. 11

[9] vgl. Mühlbradt, Frank W., Wirtschaftslexikon, Berlin (Cornelsen Scriptor) 2001, 7.Auflage, S.325

In Amerika gab es dagegen eine Vielzahl von Spezialbanken. Jede Bank beschränkte sich auf ganz bestimmte Bankleistungen.[10] Dieses Bankensystem mit einer Vielzahl von Spezialbanken führte dazu, dass sich der amerikanische Bürger selbst darum kümmern musste, um z.B. ein Investmenthaus zu finden, das sein Geld wunschgemäß und zielgerichtet investiert. Ebenso war die Situation bei der Suche nach einer geeigneten Immobilienfinanzierung oder einer geeigneten Versicherungen. Die Suche nach dem richtigen Finanzpartner war in den USA somit eine individuelle Aufgabe. Der amerikanische Bürger nahm deshalb bei der Suche nach einem geeigneten Finanzpartner oft professionelle Unterstützung in Anspruch. Diese Rolle wurde überwiegend von zertifizierten Financial Plannern wahrgenommen.

Finanzplaner haben beginnend ab den 60er Jahren, auch beflügelt durch die Erbschaftswelle nach Ende des zweiten Weltkriegs, eine besondere Stellung im amerikanischen Finanzmarkt eingenommen, vergleichbar mit Steuerberatern oder Rechtsanwälten in Deutschland.[11]

Es ist aber große Vorsicht geboten Erkenntnisse und Erfahrungen aus dem amerikanischen Markt auf die Entwicklungen in Deutschland zu übertragen, da es wie oben beschrieben noch erhebliche Unterschiede in den sozialen Rahmenbedingungen beider Länder gibt.[12]

In Deutschland wurde die soziale Absicherung bisher größtenteils vom Staat übernommen. Die Finanzierungsprobleme und die darauf zurückführenden Reformen der Sozialversicherungssysteme, führen dazu, dass sich der deutsche Bürger ebenfalls vermehrt und frühzeitig um seine private Absicherung kümmern sollte. Diese Entwicklung könnte den Financial Planning Ansatz in Deutschland sehr positiv beeinflussen.

---

[10] vgl. Mühlbradt, Frank W., a.a.O., S.301

[11] vgl. Krauss, Peter J. (Hrsg.) , Schirer, Lorry, Financial Planning im Affluent-(Personal-) Banking-Bereich, Wiesbaden (Gabler) 2003, S.271

[12] vgl. Kloepfer, Jacob, Marketing für die Private Finanzplanung, Wiesbaden (Gabler) 1999, S.17

2. Beziehung zwischen Kunde und Finanzdienstleister

2.1 Prinzipal-Agent-Problematik

Das Verhältnis zwischen Anbieter und Kunde in der Finanzberatung lässt sich anhand der Agency Theorie charakterisieren. Hierunter ist die Beziehung zwischen einem Auftraggeber (Prinzipal) und einem Beauftragten (Agent) zu verstehen, wie sie in allen Bereichen des Lebens und so auch im Wirtschaftsleben in vielfältiger Ausprägung anzutreffen ist.[13]

In den weiteren Ausführungen wird die Beziehung Kunde (Prinzipal) und Finanzdienstleister (Agent) zugrunde gelegt. Der Kunde beauftragt einen Finanzdienstleister, wie z.B. eine Bank oder Finanzvermittler, mit der Erbringung einer Dienstleistung (z.B. Vermögensverwaltung oder Altersvorsorgeprodukt) in seinem Namen, die seine Wohlfahrt beeinflusst.[14] Dazu überlässt er diesem einen gewissen Entscheidungsspielraum (z.B. Anlagepolitik in bestimmten regionalen Anlagegrenzen).[15] Diese Beziehung ist jedoch durch Informationsasymmetrien geprägt, die in verschiedene Gruppen unterteilt werden können:

Hidden Characteristics

Im Vorfeld der Inanspruchnahme der Dienstleistung (ex ante) sind nicht alle Eigenschaften des beauftragten Agenten bekannt, d.h. z.B. seine Ehrlichkeit oder Kulanz, sowie die Effektivität des Managements und die Qualität und Neutralität der angebotenen Finanzdienstleistung.[16]

Hidden Action

Nach Vertragsabschluss sind die Aktivitäten des Agenten nicht vollständig beobachtbar (z.B. welche Anlagepolitik tatsächlich verfolgt wird, sowie welches die Ziel- und Nutzenfunktion des Finanzdienstleisters ist).[17]

---

[13] vgl. Richter, Rudolf , Furubotn, Eirik, Neue Institutionenökonomik - Eine Einführung und kritische Würdigung , Tübingen (Mohr Siebeck) 2003, S. 163

[14] vgl. Schäfer, Henry, Vertrauen und Loyalität im Marketing von Finanzdienstleistungen mit Kontraktguteigenschaften, in: Zeitschrift für Betriebswirtschaft – Ergänzungsheft 1/1999, S. 5

[15] vgl. Richter, Rudolf; Furubotn, Eirik, a.a.O., S. 163

[16] vgl. Klische, Anke, Banken und Informationen - Der Entwurf eines marktwirtschaftlichen Bankenordnungsrahmens, Bergisch Gladbach (Dissertation) 1995, S.25

[17] vgl. Klische, Anke, a.a.O, S. 25

Hidden Information

Nach Vertragsabschluss können Informationen zwar erhalten, aber nicht beurteilt werden (z.B. Risiken der Anlageform). So kann der Agent die Handlung wählen, die seinen persönlichen Nutzen vergrößert, d.h. sich opportunistisch verhalten (z.B. Empfehlung von Produkten mit hoher Provision).[18]

Die genannten Informationsasymmetrien stellen den Kern des Problems in der Beziehung zwischen Kunde (Prinzipal) und Finanzdienstleister (Agent) dar, aus dem ein so genanntes moral hazard oder moralisches Risiko erwächst, da wie o.g. die Gefahr opportunistischen, d.h. eigennützigen und den Interessen des Prinzipals widerstrebenden Verhaltens des beauftragten Finanzdienstleisters möglich ist, ohne dass Letzterer davon wüsste und es beeinflussen könnte.[19] Der Berater könnte somit verleitet werden seinen Informationsvorsprung opportunistisch gegenüber dem Kunden zu nutzen. Er empfiehlt den Ratsuchenden unbemerkt eine Entscheidung welche in erster Linie für ihn selbst und erst in zweiter Linie für den Kunden von Vorteil ist.

2.2 Einflussfaktoren auf den Finanzdienstleister

Entsprechende opportunistische Verhaltensweisen werden durch spezielle Anreizsysteme verstärkt, welche Anbieter von Finanzprodukten, z.B. Banken, Versicherungsgesellschaften, Kapitalanlagegesellschaften ihren Vermittlern offerieren. Die Anreize setzen Finanzproduktanbieter meist so, dass es für den Vermittler besonders attraktiv ist bestimmte Empfehlungen zu geben. Es sind vor allem finanzielle Anreize, wie z.B. Vermittlungsentgelte bzw. Provisionen die der Produktanbieter dem Verkäufer anbietet.

Es können allgemeinen vier Varianten unterschieden werden, welche Einfluss auf die Empfehlungen des Beraters haben: *Abschluss-, Volumen-, Produkt- und Anbieterempfehlungen.*[20]

[18] Vogelgesang, Martin, Die Macht der Banken– Ein gesellschaftspolitisches Problem in der Analyse moderner ökonomischer Theorieansätze, München (Utz Verlag) 1995, S. 93f

[19] vgl. Richter, Rudolf , Furubotn, Eirik, a.a.O., S. 163 ff

[20] vgl. Kloepfer, Jacob , a.a.O., S.113

Bei der *Abschlussemfehlung* ist es für den Verkäufer finanziell von Vorteil, seinem Kunden in jedem Fall den Erwerb eines Finanzprodukts zu empfehlen. Der Vermittler zieht seinen Nutzen aus dem Abschluss bzw. Verkauf.

Im Falle einer *Volumenempfehlung* ist es für den Berater attraktiv das benötigte Volumen höher darzustellen. Dieses Verhalten ist zumeist bei der Immobilienfinanzierung[21] zu beobachten. Hier wird beispielsweise nicht das gesamte Eigenkapital miteinbezogen und somit das benötigte Kreditvolumen höher als nötig angesetzt.

Bei der *Produktempfehlung* zielt der Anreiz des Produktanbieters darauf ab ein bestimmtes Produkt dem Kunden zu empfehlen. Dies ist vor allem bei der Vermittlung von Kapitallebensversicherungen anzutreffen. Es werden hier oftmals so hohe Provisionen bezahlt, dass viele Berater eine Kapitallebensversicherung vorziehen, obwohl andere Produkte besser geeignet wären.

Im Falle des Anreizes durch eine *Anbieterempfehlung* soll der Berater einen finanziellen Vorteil erhalten, wenn er einen bestimmten Anbieter empfiehlt, obwohl dieser vielleicht nicht das attraktivste Angebot hat. Im Bankensektor ist u.a. dieses Verhalten vorzufinden. So ist in der Praxis beobachtbar, dass bei einer konkreten Nachfrage seitens des Kunden vor allem hauseigene Produkte angeboten werden. (z.B. Sparkasse empfiehlt hauseigenen DEKA-Fond)

Angestellte, Vertreter und Vermittler werden durch ihre Bindung zu einem Finanzproduktanbieter in alle genannten Zielrichtungen in ihrer Empfehlung beeinflusst. So erhält der angestellte Berater eines Finanzproduktanbieters (z.B. einer Bank) meist ein Arbeitsentgelt und ggf. eine Prämie als Anreiz, auch oftmals verbunden mit einer Direktive, den Kunden nur die Finanzprodukte seines Arbeitgebers zu empfehlen.[22]

Es kann hier ebenso wenig eine Unabhängigkeit erwartet werden, wie von Vertretern, welche durch eine Ausschließlichkeitsklausel an einen

---

[21] „Viel zu hohe Kreditsummen, dürftige Informationen zu den angebotenen Krediten sowie fehlende und lückenhafte Finanzierungspläne – das ist der ernüchternde Gesamteindruck aus 140 Testgesprächen, die Finanztest Mitarbeiter (...) mit Beratern von 20 Banken und Sparkassen führten. Nur in jeder vierten Filiale wurden die Tester gut beraten, genauso oft erhielten sie eine mangelhafte Beratung. Eine erschreckende Bilanz. Denn viele Fehler, die die Berater in den untersuchten Gesprächen machten, würden den Kunden im Ernstfall einige Tausend Euro kosten." (vgl. ohne Autor, Kein Verlass, (finanztest spezial), November 2003, S.57)

[22] vgl. Kloepfer, Jacob, a.a.O., S.113

Finanzproduktanbieter gebunden sind und für erfolgreiche Abschlüsse eine Provision erhalten. Echte Mehrfachagenten können in ihren Entscheidungen als etwas unabhängiger gelten. Als unabhängige sollen hier vor allem Berater bezeichnet werden, welche an keinen Finanzproduktanbieter gebunden sind und von diesen auch keine Provisionen erhalten, sondern für ihre Beratung direkt vom Kunden entlohnt werden. Die unabhängigen Berater tauschen somit Beratung gegen Beratungsentgelt aus. Unabhängige in diesem Sinne sind z.B. rechtlich und wirtschaftlich unabhängige Finanzdienstleister, die keine Vorteile aus der Umsetzung ihrer Empfehlungen ziehen. Zu diesem Bereich können auch Financial Planner die gegen Honorar beraten gezählt werden.

3. Abgrenzung des Financial Planning

3.1 Anlagevermittlung versus Financial Planning

Das Financial Planning unterscheidet sich grundsätzlich von der üblichen Praxis der Anlagevermittlung. Bei der klassischen Anlagevermittlung werden die persönlichen und finanziellen Verhältnisse des Kunden sowie seine Wünsche und Ziele ermittelt. Auf dieser Basis werden sodann Vorschläge für Vermögens- und Vorsorgeanlagen gegeben. Ziel der herkömmlichen Finanzberatung ist der Abschluss entsprechender Anlage-, Versicherungs- oder Kreditverträge.[23] Anlagevermittlung setzt somit ein Subjekt der Beratung, z.B. Wertpapier oder Immobilie voraus.[24] Die Entlohnung des Verkäufers erfolgt durch Provision, die der Finanzprodukthersteller dem Anlageberater für die erfolgreiche Produktvermittlung zahlt.

Abbildung 1 Ablauf einer traditionellen Anlagevermittlung

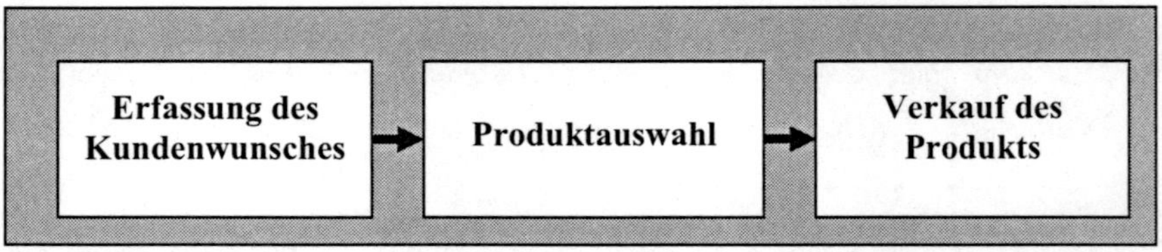

Quelle: Eigene Darstellung angelehnt an Farkass-Richling / Staab, a.a.O., S.7

[23] vgl. Farkass-Richling, Dirk, Staab, Wolfgang, Private Finanzplanung, Vermögensanlage und Steuern, Stuttgart, (Schäfer-Poeschel Verlag) 2003, S.7

[24] vgl. Kruschev, Wesselin, Private Finanzplanung –die neue Dienstleistung für anspruchsvolle Anleger Wiesbaden (Gabler) 1999, S.24

Der wesentliche Unterschied zum Financial Planning besteht in der Perspektive. Bei der Anlagevermittlung ist die Beratung dem Verkauf vorgeschaltet und ist somit in erster Linie eine Verkaufsberatung. Gerade bei einer Verkaufsberatung kann die im vorangegangenen Abschnitt erläuterte Principal-Agent-Problematik einen sehr großen Einfluss auf das Ergebnis der Beratung haben. Diese werden oftmals wie schon erwähnt durch Abschluss-, Volumen-, Produkt- und Anbieterempfehlungen noch verstärkt.

Financial Planning ist dagegen eine Beratungsdienstleistung.[25] Hier findet eine Analyse der gesamten Einkommens-, Vermögens-, Bedürfnissituation des Anlegers unter Berücksichtigung der Abhängigkeiten zwischen bereits getätigten Anlagen statt. Erst wenn sich als Ergebnis dieser Analyse Handlungsbedarf ergibt, wird auch ein „Vermögensdispostions-Vorschlag" gemacht. Es muss deshalb nicht unbedingt als Resultat der Beratung ein Anlagevorschlag stehen. Es kann als Maßnahme ebenso die ersatzlose Trennung von einer Anlage empfohlen werden. Auch das Aufzeigen eines bestimmten Bedarfs z.B. im steuerlichen Bereich durch die Ermittlung von benötigten Abschreibungen ist noch kein Anlagevorschlag. Erst wenn der Anbieter der Finanzplanung konkrete Produkte anhand des theoretisch ermittelten Bedarfsprofils eines Kunden empfiehlt, betreibt er eine produktbezogene Anlageberatung.[26] Private Finanzplanung kann somit nicht der klassischen Form der Anlagevermittlung zugeordnet werden, da sie ganzheitlicher und individueller ist als die bisherige übliche Form der Anlageberatung.

3.2 Verkaufsansatz versus Beratungsansatz

Eine weitere Unterscheidung zwischen alternativen Finanzdienstleistungen und dem Financial Planning kann auf den unterschiedlichen Intentionen der Anbieter getroffen werden. Herkömmliche Finanzberatung ist auf den Vertrieb von Finanzprodukten gegen Provision ausgerichtet.[27] Nur bei der Vermittlung eines neuen Vertrages erzielt der Verkäufer einen Deckungsbeitrag. Hierdurch entsteht in der Praxis oft ein Abgrenzungsproblem. Viele Vermittler nennen sich „Berater" so z.B. Finanz- oder Vermögensberater. Diese Gruppe erzielt ihren Umsatz aber nicht durch die Beratung, sondern durch die Vermittlung von Versicherungs- und Finanzprodukten und von den erhaltenen Provisionen. Deshalb müssten diese

[25] vgl. Kloepfer, Jacob, a.a.O. , S.54 f.

[26] vgl. Kruschev, Wesselin, a.a.O., S.24

[27] vgl. Farkass-Richling, Dirk / Staab, Wolfgang , a.a.O. , S. 8

korrekterweise unter Vermittler/Verkäufer eingeordnet werden. Die innerhalb des Verkaufs-Gespräch vom Vermittler zur Verfügung gestellten Informationen dienen einem fest bestimmten Zweck. Ziel der Informationsbereitstellung ist es, den Kunden dazu zu bewegen einen neuen Vertrag abzuschließen.

Das Gespräch ist deshalb *kein Beratungs-Gespräch*, sondern *ein Verkaufs-Gespräch*. Für eine gute Beratung verdient der Vermittler keinen Cent, nur für das Verkaufen. Ebenso nicht für das Abraten von einem Abschluss. Sofern eine Beratung stattfindet, dann meist nur als Nebenleistung, um einen neuen Vertrag abzuschließen.[28] Dadurch wird eine Interessenkollision zwischen dem Interesse des Kunden nach objektiver Beratung und dem Interesse des Vermittlers nach Erzielung einer Vergütung hervorgerufen (Prinzipal-Agent-Problem). Diese führt häufig dazu, dass individuelle Bedürfnisse des Kunden bei den Empfehlungen des Vermittlers aus dem Blickfeld geraten können.[29] Dieser Interessenskonflikt ist auch bei freien Finanzdienstleistern stark ausgeprägt, da diese zumeist nur von den Provisionen leben und nicht ein monatliches Gehalt bekommen. Bei angestellten Mitarbeitern als Teil einer Vertriebsorganisation besteht ebenso das Problem eines Interessenskonflikts. Der Vermittler bekommt zumeist detaillierte Vorgaben, welche Produkte er dem Kunden zu empfehlen und zu verkaufen hat (Anbieterempfehlung).

Durch diese anbieterabhänigen Empfehlungen wird dem Kunden die Möglichkeit genommen ein besser geeignetes Produkt zu erhalten, das nicht in den Vertriebsvorgaben vorgesehen ist.[30] So wird in dieser Form der Finanzdienstleistung eher ein Verkaufsansatz verfolgt. Ebenso kommt die Prinzipal-Agent-Problematik im Sinne eines opportunistischen Verhaltens des Agents zuungunsten des Prinzipals beim Verkaufsansatz sehr zum tragen.

Hiervon abzugrenzen ist das Financial Planning. Bei einer Beratung im Rahmen einer Privaten Finanzplanung ist das Ziel nicht ein Produktverkauf. Die Intention liegt in der Weitergabe von Informationen Der Finanzplaner ist ein reiner Informant. Aufgabe des Finanzplaners ist es, bestimmte Informationen zu denen der Kunden keinen Zugang oder für deren Beschaffung dem Kunden die nötige Zeit fehlt weiterzugeben und als Ergebnis der Beratung ein Informationsgleichgewicht herzustellen. Die Informationen sollen dem Kunden eine Grundlage für fundierte Entscheidungen bieten. Damit ist das Financial Planning im Grunde eine

[28] vgl http://verbraucherschutz.wtal.de/verkaufsgespraech-oder-beratungsgespraech.htm
[29] vgl. Farkass-Richling / Staab, a.a.O., S. 8
[30] vgl. Farkass-Richling / Staab, a.a.O., S. 8

Informationsvermittlung. Der Finanzplaner dient als Informationsfilter zwischen Kunde und Informationsquelle.[31] Ziel des Financial Planning ist die von Produktanbietern finanziell unabhängige und uneigennützige Beratung. Verträge bzw. Produkte sollen in der eigentlichen Privaten Finanzplanung nicht vermittelt werden.

Abbildung 2 Beratungsphilosophien

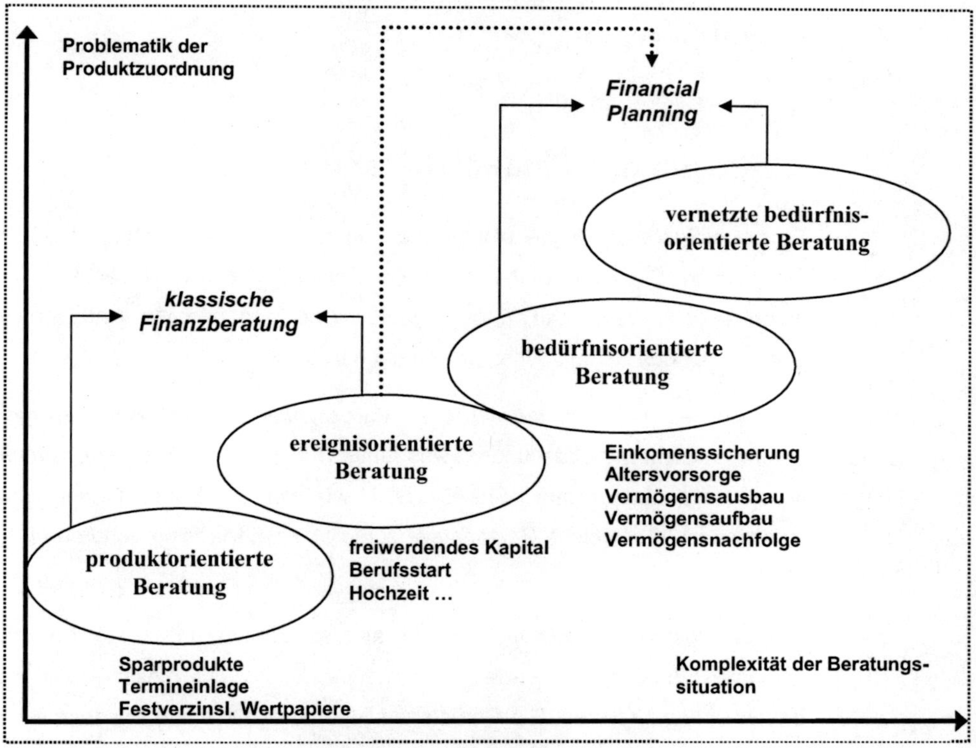

Quelle: Mit Änderungen übernommen vom Institut für Financial Planning (IFP), Univ.-Prof. Dr. Jürgen Steiner (vgl. http://www.ifp.uni-passau.de)

Der Finanzplaner hat im Gegensatz zum Verkäufer nicht die Aufgabe seinem Mandanten etwas einzureden. Er versorgt ihn mit allen erforderlichen fachlichen Informationen, damit dieser eine eigenverantwortliche Entscheidung treffen kann. Das ist etwas anderes als eine sogenannte "Beratung" durch einen Vermittler, der von Anbietern geschickt und für das Verkaufen bezahlt wird. Zu echten Beratern

[31] vgl. Krauss, Peter J. (Hrsg.) , Kruschev, Wesselin, Neue Kunden mit Financial Planning – Financial Planning als zentrales Beratungsangebot des Finanzdienstleisters Wiesbaden (Gabler) 2003, S.167

kann man u.a. freie Finanzberater die auf Honorarbasis vergütet werden, die gerichtlich zugelassenen Rechtsbeistände für Versicherungsberatung (nicht zu verwechseln mit Einfirmenvertretern oder Versicherungs-Maklern) und die Mitarbeiter von Verbraucher-Zentralen zählen. Die Private Finanzplanung in ihrer Reinform kann somit dem Beratungsansatz zugeordnet werden. Die Prinzipal-Agent-Problematik und das Risiko eines opportunistischen Verhaltens des Beraters werden im Financial Planning weitgehend ausgeschlossen. Abbildung 2 stellt nochmals die Unterschiede zwischen einer klassischen Anlagevermittlung und des Financial Planning dar.

4. Wesen des Financial Planning

Es hat sich bislang keine einheitliche und feststehende Definition bezüglich des Inhalts von Financial Planning in Deutschland etabliert. Sowohl in der US-amerikanischen als auch in der deutschsprachigen Literatur sind verschiedene Definitionen des Begriffs Financial Planning vorzufinden.

Die auf den folgenden Seiten dargestellten Definitionen spiegeln die unterschiedlichen Auffassungen was unter Financial Planning zu verstehen ist wider. Insgesamt besteht keine Einigkeit, wie weit der Begriff Financial Planning zufassen ist, d.h. welche Bestandteile zum Financial Planning gehören und welche nicht.[32]

Ziel der folgenden Ausführungen ist es das Wesen und die Philosophie des Financial Planning darzustellen und eine für die Zwecke dieser Arbeit geeignete Beschreibung zu finden. Die Grundlage bildet die Analyse von Hochberger.[33] Dieser untersuchte jeweils zwei Definitionen aus den Vereinigten Staaten und aus der deutschsprachigen Literatur. (vgl. S. 18) Daneben sollen noch drei weitere deutschsprachige Definitionen miteinbezogen werden. (vgl. S.19)

[32] vgl. Hochberger, Bernd, Financial Planning – Eine Finanzdienstleistung für Private Haushalte des Retail-Segments, Wiesbaden (Deutscher Universitäts-Verlag) 2003, S. 21
[33] vgl. Hochberger, Bernd, a.a.O., S. 21

International Association for Financial Planning (IAFP): [34]

„Financial Planning is providing to a person, for compensation, a plan recommending strategies and actions designed to help achieve financial goals of that person on the basis of an evaluation of the personal and financial conditions and capabilities of that person"

Institute of Certified Financial Planner (ICFP): [35]

„ Personal financial planning is the organization of an individual's financial and personal data for the purpose of developing a strategic plan to constructively manage income, assets, and liabilities to meet near- and long-term goals and objectives. Important to the success of the personal financial planning process is the monitoring and periodic review of the plan to ensure that it continues to meet individual needs"

Schäfer, Henry / Unkel, Steffen: [36]

„Private Finanzplanung ist ein kundenorintierter, kontinuierlicher und von Interaktion geprägter Prozess, der der Ermittlung der finanziellen Ziele eines Privathaushalts sowie Handlungsempfehlungen zu derer Realisierung dient. Grundlage dafür ist eine intertemporal ausgerichtete umfassende und individuelle Analyse der Vermögens- und Risikosituation des Privathaushalts, die mit Hilfe von EDV-Unterstützung von entsprechend qualifizierten Beratern auf Honorarbasis erstellt wird."

Tilmes, Rolf: [37]

„Financial Planning ist eine ganzheitliche Beratungsleistung, die als ein systematischer koordinierter Planungsprozess – bestehend aus Auftragsvergabe, Datenaufnahme, Analyse und Planung, Dokumentation, Betreuung mit Realisierung und periodischer Kontrolle – organisiert ist. Financial Planning soll Privatpersonen in ihren Rollen als wirtschaftlich handelnde Individuen, Haushalte oder Unternehmer in die Lage versetzten, ihre durch den Eintritt oder die Erwartung bestimmter Lebensereignisse ausgelösten finanziellen Ziele zu konkretisieren und unter Berücksichtigung der spezifischen finanziellen, rechtlichen persönlichen und familiären Ausgangslage sowie externer Rahmenbedingungen optimal zu erreichen. Financial Planning ist auf Basis der Grundsätze ordnungsgemäßer Finanzplanung durchzuführen."

[34] vgl. Mittra, Sid, a.a.O., S.4

[35] vgl. Mittra, Sid, a.a.O., S.5

[36] vgl. Schäfer, Henry , Unkel, Steffen, a.a.O., S.30

[37] vgl. Tilmes, R. Financial Planning im Private Banking, Bad Soden (Uhlenbruch) 2002, S.31

Böckhoff, Michael / Stracke, Guido: [38]

„ Private Finanzplanung ist ein systematischer Prozess, in dem die finanziellen Verhältnisse eines Privatkunden analysiert, optimiert und geplant und somit Vermögen, Liquidität und Risikoabsicherung eines Privatkunden strukturiert, gesichert und verwaltet werden. Die Planung soll unter Beachtung des Zielsystems des Privatkunden umfassend bewältigt werden.“

Kruschev, Wesselin:[39]

„ Private Finanzplanung ist ein kontinuierlicher, bedarfsorientierter und interaktiver Beratungsprozess zur Ermittlung der finanziellen Ziele eines Anlegers und der Wegfindung für deren umfassende Realisierung im Rahmen einer langfristig und strategisch ausgerichteten individuellen Analyse, die von qualifizierten Spezialisten mit Hilfe von computergestützten Beratungswerkzeugen gegen Vergütung erstellt wird.“

Kloepfer, Jacob:[40]

„Die Private Finanzplanung im <u>weiten Sinne</u> kann [...] definiert werden als eine Dienstleistung, welche Akquisition für und die Durchführung einer detaillierten individuellen, ganzheitlichen, dynamischen und objektiven Analyse, Dokumentation und Planung der Finanzen einer Privatperson sowie die entsprechende Entwicklung und Umsetzung von Gestaltungsempfehlungen und die langfristige Betreuung der Finanzen zum Inhalt hat.“

„Die Private Finanzplanung im <u>engen Sinne</u> kann definiert werden, als eine Beratungsleistung, welche die detaillierte, individuelle, ganzheitliche, dynamische und objektive Analyse, Dokumentation, Planung der Finanzen einer Privatperson und die entsprechenden Entwicklung von Empfehlungen zur Gestaltung der Finanzen zum Inhalt hat.“

---

[38] vgl. Böckhoff, Michael , Stracke, Guido, a.a.O, S. 27

[39] vgl. Kruschev, Wesselin, a.a.O. , S. 21

[40] vgl. Kloepfer, Jacob, a.a.O. , S.51 und 53.

5.1 Zielgruppe

Die von Hochberger untersuchten Definitionen (vgl. S.18) haben gemeinsam, dass sie als relevante Zielgruppe den Sektor der privaten Haushalte sehen. Zieht man drei weitere Definitionen[41] (vgl. S.19) aus der deutschsprachigen Literatur hinzu, so kann diesem Ergebnis zugestimmt werden. Auch diese sehen die privaten Haushalte als potentielle Kunden.

Es erfolgt meist innerhalb des Sektors Private Haushalte eine Aufteilung der Zielgruppen in einzelne Segmente. Die Unterteilung geschieht oft nach quantitativen Kriterien wie z.B. der Höhe des Einkommens. Es sollte berücksichtigt werden, dass nicht nur gehobene Privatkunden, sondern auch Kunden mittlerer und unterer Einkommensschichten potentielle Kunden sein können.[42] Eine Segmentierung des Privaten Haushalts nach Berufsgruppen wie Selbstständige, Akademiker, Arbeiter Angestellte oder leitende Angestellte ist ebenso denkbar.

5.2 Individualität

Einen wichtigen Bestandteil von Financial Planning sehen alle sieben untersuchten Definitionen in der Individualität der Beratung. Die Private Finanzplanung unterscheidet sich durch die individuelle Sichtweise von der bisherigen Praxis der klassischen Finanzberatung, bei der zumeist eine auf den Verkauf fixierte standardisierte Beratung erbracht wird.

Individualität im Sinne des Financial Planning bedeutet die bessere Abstimmung der privaten Finanzentscheidungen auf individuelle Wünsche und Ziele der Privatpersonen.[43] Der Berater muss hierzu die Ziele und Wünsche seines Mandanten kennen. Nur mit diesen Kenntnissen kann der Berater die Maßnahmen empfehlen, welche den gesetzten Zielen dienen und von solchen abraten die diesen zuwiderlaufen.[44] Die Gesamtstrategie wird auf Grundlage der bestimmten Ziele und Wünsche entwickelt. Die Individualität nimmt auch in den Grundsätzen ordnungsgemäßer Finanzplanung (GoF) eine besondere Stellung ein und wird hier als eigene Vorschrift berücksichtigt. [45]

---

[41] vgl. Böckhoff / Stracke, S.21 sprechen von Privatkunden / vgl. Kloepfer, Jacob, S.53 spricht von Privatpersonen / vgl. Kruschev, Wesselin, S.21.spricht von Anleger

[42] Diese Kundengruppe wird auch oft als „Retail-Banking-Kundensegment“ bezeichnet.

[43] vgl. Kloepfer, Jacob, a.a.O. , S.23

[44] vgl. Kloepfer, Jacob, a.a.O. , S.24

[45] Eine Darstellung der Grundsätze ordnungsgemäßer Finanzplanung (GoF) zeigt Anlage 2. (S. 111)

5.3 Ganzheitlichkeit

Eng in Zusammenhang mit der Individualität der Beratung, steht die ganzheitliche und vernetzte Sichtweise des Financial Planning. Ganzheitlichkeit bedeutet, dass alle Gesichtspunkte, wie die persönliche, finanzielle und steuerliche Situation des Kunden in die Beratung miteinbezogen werden. Dabei werden schon vorhandene Anlagen und Interpendenzen berücksichtigt. Daneben wird das Augenmerk auch auf sich eventuell in naher Zukunft ändernde Lebensumstände gelegt. Der Grundgedanke des Financial Planning ist, aus einer ganzheitlichen Betrachtung aller Aspekte die Entscheidungen und Planungen optimal auf den Kunden abzustimmen und daraus eine umfassende Gesamtstrategie zu entwickeln.[46]

Die Ganzheitlichkeit ist eines der wichtigsten Abgrenzungskriterien des Financial Planning von der klassischen Form der Finanzberatung. Hier ist in der Regel eine eindimensionale Betrachtungsweise vorzufinden. Es wird beispielsweise der Kauf eines Vermögensgegenstandes nur unter dem Gesichtspunkt der Rendite betrachtet.[47] Es werden Aspekte, wie etwa Wechselwirkungen mit bereits vorhandenen Anlagen oder die Steuerauswirkung nicht berücksichtigt.

Die Folge einer umfassenden Betrachtungsweise ist, dass ein hoher Anspruch und eine hohe Erwartungshaltung an Financial Planning aufgebaut wird. An diesem Niveau müssen sich die Dienstleistung und der ausführende Finanzplaner messen lassen.[48] Dies erfordert auch ein hohes Qualifikationsniveau. Der Finanzplaner muss das gesamte Spektrum des Finanz-, Geld-, Kredit- und Versicherungswesen in allen seinen Facetten kennen. Fundierte Kenntnisse in steuerlichen Fragen sollten seine Qualifikation abrunden.[49]

Die untersuchten Definitionen berücksichtigen nur zum Teil den Gesichtspunkt der Ganzheitlichkeit. Kloepfer[50] und Tilmes[51] verwenden den Begriff in ihren Definitionen. Kruschev[52] und Stracke/Böckhoff[53] erwähnen die Ganzheitlichkeit nicht, gehen aber später in ihren Erläuterungen ausführlich darauf ein.

[46] vgl Stracke/Thies (1986), a.a.O. , S.403

[47] vgl. Böckhoff, Michael , Stracke, Guido, a.a.O, S.21

[48] vgl. Hochberger, Bernd, a.a.O., S.22

[49] vgl. Kruschev, Wesselin, a.a.O. , S. 132

[50] vgl. Kloepfer, Jacob, a.a.O. , S.51 und 53.

[51] vgl. Tilmes, Rolf, a.a.O., S.15

[52] vgl. Kruschev, Wesselin, a.a.O. , S. 21

[53] vgl. Böckhoff, Michael , Stracke, Guido, a.a.O, S.21

5.4 Dokumentation

Dokumentation bedeutet, dass die Ergebnisse der Finanzplanung einschließlich ihrer Prämissen in schriftlicher oder anderer geeigneter Form dem Kunden zur Verfügung gestellt werden. Die Dokumentation muss verständlich und nachvollziehbar sein. Dies meint, dass die Finanzplanung einschließlich ihrer Ergebnisse vom Berater so zu präsentieren sind, dass der Kunde sie versteht und nachvollziehen kann. Außerdem muss die Dokumentation alle im Rahmen des Auftrags gestellten Fragen beantworten.[54] Die Dokumentation ist im Hinblick auf die Entwicklung der Gesamtstrategie und die periodische Kontrolle sehr wichtig.

Die schriftliche Ausarbeitung des Finanzplans soll für den Kunden einen zukünftigen „Fahrplan" darstellen. Die zukünftigen Entscheidungen und Planungen werden auf Basis des erstellten Finanzplans getroffen.

Die klassische Anlagevermittlung verzichtet weitgehend auf schriftliche Ausarbeitungen. Es wird zwar meist ein Beratungsprotokoll angefertigt, dies dient aber nicht dem Kunden als Entscheidungsgrundlage, sondern vielmehr einer Haftungsbegrenzung des Vermittlers.[55]

5.5 Periodische Überprüfung

Die periodische Überprüfung der Finanzplanung und ggf. die Anpassung an geänderte persönliche, wirtschaftliche oder gesetzliche Rahmenbedingungen ist ebenfalls ein Kennzeichen von Financial Planning.

Eine Änderung der gesetzlichen Rahmenbedingungen ist z. B. das kürzlich im Bundesrat verabschiedete Alterseinkünftegesetz und die Besteuerung der vormals steuerfreien Auszahlung von Kapitallebensversicherungen. Der Finanzplan muss daraufhin in seinen Planungen und Empfehlungen angepasst werden. Durch ein regelmäßiges Update kann die Private Finanzplanung auch künftig eine zuverlässige Grundlage für Anlageentscheidungen bieten.[56]

---

[54] vgl. http://www.devfp.de
[55] vgl. hierzu Kapitel I Punkt 7.3 und Anlage 1 (S. 110)
[56] vgl. Kruschev, Wesselin, a.a.O. , S. 105

5.6 Planungsprozess

Die Beschreibung des Planungsprozesses wird in einigen Definitionen als Bestandteil des Financial Planning angesehen. Der Planungsprozess wird zumeist in verschiedene Stufen unterteilt. Tilmes [57] unterteilt den Prozess der Privaten Finanzplanung in sechs Stufen:

Auftragsvergabe – Datenaufnahme - Analyse und Planung – Dokumentation - Betreuung mit Realisierung - periodische Kontrolle.

Hochberger dagegen sieht die Auftragsvergabe und die Betreuung bei der Realisierung nicht als Bestandteil des Financial Planning Prozesses.[58] Kruschev geht in seiner Definition nicht auf die einzelnen Stufen des Beratungsprozesses ein.[59] Der genaue Ablauf des Beratungsprozesses ist im Einzelfall zu entscheiden.[60] Deshalb kann eine Beschreibung des Beratungsprozesses nur einen Anhaltspunkt bieten. Der genaue Ablauf wird sich in der Praxis an der Intention des Kunden ausrichten müssen.

5.7 Vergütungsform

Ein weiterer Gesichtspunkt ist die Frage der Entlohnung. Es kommen grundsätzlich drei Vergütungsformen in Betracht. Financial Planning gegen Honorar, auf Provisionsbasis oder eine Mischform aus Honorar und Provision.[61]

Schäfer/Unkel und Kruschev weisen in ihren Definitionen deutlich auf eine Vergütung in Form einer Bezahlung gegen Honorar hin. Tilmes und Stracke/Böckhoff gehen nicht auf die Form der Vergütung ein. Hochberger lässt in seiner Definition die Wahl der Vergütung offen und stellt lediglich fest, dass die Vergütung „*eventuell gegen Entgelt*" erfolgen kann.

Die einschlägige Literatur hat gemeinsam, das meist sehr ausführlich auf die Wahl der Vergütungsform eingegangen wird. Es besteht auch weitgehend eine einheitliche Ansicht, das Financial Planning nur gegen Honorar für den Kunden erfolgsversprechend durchgeführt werden kann.

---

[57] vgl. Tilmes, Rolf, a.a.O., S.31

[58] vgl. Hochberger, Bernd, a.a.O., S.27

[59] vgl. Kruschev, Wesselin, a.a.O. , S. 21

[60] vgl. Hochberger, Bernd, a.a.O., S.27

[61] Ausführlich auf die Aspekte bei der Wahl der Vergütungsform, wird in Kapitel II Punkt 8 eingegangen.

5.8 Zusammenfassung

Die Aufgabe der Dienstleistung Financial Planning ist nicht der schnelle Verkauf von Finanzprodukten. Es soll vielmehr zusammen mit dem Kunden eine umfassende Gesamtstrategie erarbeitet werden. Bei Bedarf unterstützt ein Financial Planner den Kunden auch in der Umsetzungsphase, also zum Beispiel beim Kauf bestimmter Produkte.[62] Ziel von Financial Planning ist es Privatkunden in die Lage zu versetzen, ihre finanziellen Ziele zu konkretisieren und unter Berücksichtigung der persönlichen Ausgangslage optimal zu erreichen und zu überprüfen. [63] Zusammenfassend kann, das Wesen von Financial Planning wie folgt charakterisiert werden:

- Die Zielgruppe der Privaten Finanzplanung ist der Private Haushalt, welcher nach qualitativen und quantitativen Kriterien weiter spezifiziert werden kann.
- Die Private Finanzplanung ist eine individuelle Beratungsdienstleistung, welche auf die Bedürfnisse des Kunden zugeschnitten und im Vergleich zur klassischen Finanzberatung nicht standardisiert erbracht wird.
- Private Finanzplanung soll umfassend und ganzheitlich geschehen und mögliche Auswirkungen auf andere schon bestehende Anlagen berücksichtigen. Persönliche, gesetzliche und soziale Rahmenbedingungen müssen in die Beratung miteinfließen.
- Der Finanzplaner sollte deshalb eine hohe fachliche Qualifikation besitzen und sich einer laufenden Fort- und Weiterbildung unterziehen.
- Der Kunde sollte mit Hilfe des Beraters ein individuelles Zielsystem erstellen, welches bei der Umsetzung mitberücksichtigt werden muss.
- Damit der Finanzplan auch unter geänderten Rahmenbedingungen die durch den Kunden gesetzten Ziele erreicht, sollte dieser einer periodischen Kontrolle unterliegen.
- Die Entlohnung sollte um einen Interessenskonflikt (Prinzipal-Agent-Problem) des Beraters auszuschließen grundsätzlich gegen Honorar erfolgen.
- Der Beratungsprozess kann allgemein in folgende Schritte unterteilt werden: Datenaufnahme — Analyse – Strategie – Umsetzung – periodische Kontrolle.

[62] vgl. Steinert,Andrea, Special Financial Planning, Capital, 23.02.2002, vgl. www.capital.de

[63] vgl. Schaubach, Peter, Financial Planning - Vom 60 Meter-Sprint zum Siebenkampf, Frankfurt am Main (IHK-Wirtschaftsforum), Februar 2001

5. Ausprägungsformen des Financial Planning

Die deutschen Financial Planner verwenden eine Vielzahl von Bezeichnungen für die angebotene Dienstleistung. So werden u.a. Begriffe wie „Finanzplanung", „Private Finanzplanung", „Vermögensstrukturberatung", „Vermögensmanagement", „Strategische Vermögensberatung" „Financial Consultancy", „Vermögensplanung" verwendet.[64] Diese große Begriffsvielfalt ist teilweise damit zu erklären, dass die Inhalte des Financial Planning in Deutschland je nach Anbieter stark variieren.

Einige Banken, Versicherungen und Strukturvertriebe sehen in der Privaten Finanzplanung vor allem ein Vertriebsinstrument zur Steigerung des Absatzes ihrer Finanzprodukte. Diese Anbietergruppe nützt Financial Planning als Instrument für umfangreiche Cross-Selling Geschäfte. Die Analyseergebnisse werden vor allem für den gezielten Verkauf eigener Produkte verwendet. Die Kenntnisse aus der Finanzplanung, wie beispielsweise die Ablaufleistung und den Auszahlungszeitpunkt von Versicherungen oder der Ablauf der Zinsfestschreibung bei Finanzierungen sind Ansatzpunkte für das aktive Anbieten eigener Produkte.[65]

Diese Form des Financial Planning ist starker Kritik ausgesetzt. Die Vermittler fordern ein geringes Honorar ein und erzielten den eigentlichen Gewinn dann bei der Umsetzung der Empfehlungen. Es wird vordergründig neutral beraten, aber mit Provisonsgeschäften zusätzlich Geld verdient. Inwieweit die Beratung somit unabhängig und neutral ist kann hier in Frage gestellt werden.

Andererseits wird die Dienstleistung auch als reine Beratung angeboten, die es dem Kunden ermöglichen soll einen von Vertriebsinteressen unabhängigen Überblick über seine Finanzsituation zu erhalten. Als Anbieter fungieren v.a. unabhängige Finanzdienstleister. Zunehmend hat auch die Berufsgruppe der Steuerberater das Financial Planning als eine Erweiterung ihrer strategischen Geschäftsfelder erkannt.[66] Die Angebote dieser Wettbewerber werden nicht durch den Verkauf von Finanzprodukten subventioniert und weisen zumeist eine sehr hohe Qualität auf. Die Finanzplanung auf reiner Honorarbasis ist eine Dienstleistung die qualitativ auf einer Stufe mit der Steuerberatung durch einen Steuerberater steht. Interessenskonflikte des Finanzplaners zwischen bestmöglicher Beratung des Kunden einerseits und Vertrieb von Finanzprodukten werden hier von vornherein ausgeschlossen.[67]

---

[64] vgl. Kruschev, Wesselin, a.a.O., S. 29

[65] vgl. Kruschev, Wesselin, a.a.O., S. 38

[66] vgl. http://www.net-lexikon.de/Finanzmathematik.html

[67] vgl. Farkass-Richling / Staab, a.a.O., S. 6

6. Ablauf des Financial Planning

Der Ablauf einer Privaten Finanzplanung lässt sich in mehrere Stufen aufteilen. Diese Gliederung gibt eine Reihenfolge vor, in der die einzelnen Leistungen erbracht werden. Das Phasenkonzept dient aber lediglich der Strukturierung und kann je nach Kundenwunsch verkürzt oder verlängert werden. Abbildung 3 zeigt eine mögliche schematische Darstellung.

Abbildung 3 Ablauf des Financial Planning

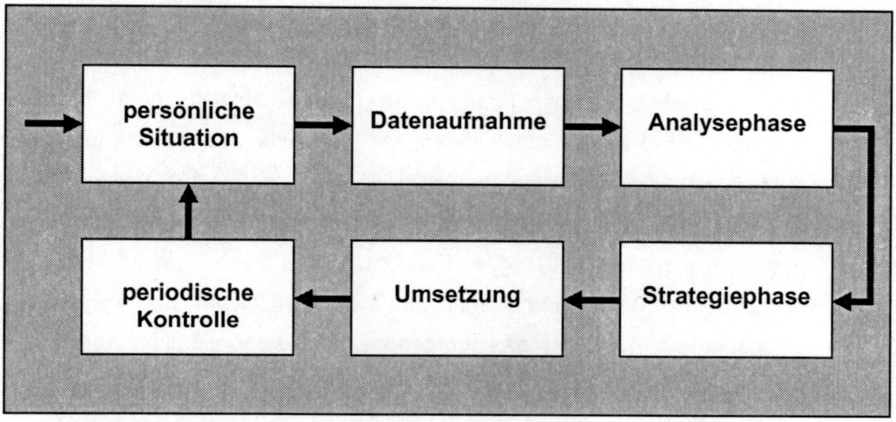

Quelle: Eigene Darstellung

6.1 Datenaufnahme

Mit der Datenaufnahme wird die Grundlage für die Qualität des späteren Finanzplans gelegt. Nur mit vollständigen und richtigen Daten, die alle Vermögens- und Einkommensbereiche umfassen, lässt sich eine umfassende und vernetzte Analyse durchführen. Dem Kunden muss die Notwendigkeit einer richtigen und vollständigen Datenerhebung als Grundvorraussetzung verständlich gemacht werden. Nur durch eine richtige, vollständige und wahrheitsgemäße Datenaufnahme ist es dem Finanzplaner möglich ein erfolgsversprechendes Gesamtkonzept zu erstellen.[68]

[68] vgl. Kruschev, Wesselin, a.a.O. , S.84

6.1.1 Möglichkeiten der Datenaufnahme

Eine Möglichkeit der Datenaufnahme ist die Erfassung der Daten direkt in eine Spezialsoftware ohne eine schriftliche Unterlage. Der Vorteil liegt in einem sehr geringen Zeitaufwand, da die Daten nicht doppelt erfasst werden müssen. Es muss nicht zunächst ein Fragebogen ausgefüllt werden und anschließend die Daten in ein EDV-System übertragen werden. Eine sofortige Erfassung der Daten direkt in den Computer ohne eine schriftliche Grundlage ist trotzdem nicht zu empfehlen. Die Gefahr von Fehleingaben ist hoch. Eine Überprüfung der eingegebenen Daten ist nicht möglich ist. Zudem hat der Kunde in den seltensten Fällen alle Unterlagen so zur Verfügung, dass die Datenaufnahme komplett durchgeführt werden kann.[69]

Eine andere Form der Datenerfassung ist das Ausfüllen von Unterlagen durch den Kunden selbst. Einige Finanzplaner gehen soweit, dem Kunden einen Datenerfassungsbogen zuzusenden mit der Bitte, diesen soweit wie möglich auszufüllen.[70] Das Ausfüllen einer schriftlichen Unterlage zur Datenaufnahme durch den Kunden allein ist nicht zu empfehlen, denn der Kunde weiß oft mit spezifischen Fachtermini nichts anzufangen. Die Gefahr von Fehleingaben ist hier ebenfalls hoch. Bei größeren und komplexen Vermögen, kann der Kunde durch das eigenständige Ausfüllen des Fragebogens überbeansprucht werden, was der Anbieter vermeiden sollte.[71]

Es besteht daneben die Möglichkeit einer so genannten „Waschkorbanalyse“. Der Kunde bringt seine unsortierten Unterlagen in einem Waschkorb zum Anbieter und dieser sucht die relevanten Unterlagen heraus. Der Kunde hat somit einen sehr geringen zeitlichen Aufwand. Andererseits ist diese Form für den Anbieter sehr zeit- und somit kostenintensiv. Der Nachteil ist, dass der Preis des Finanzplans schon alleine durch die Datenaufnahme sehr hoch werden kann.[72]

Für die Durchführung der Datenerfassung ist daher ein guter Mittelweg empfehlenswerter. Die Zusammenstellung der notwendigen Unterlagen erfolgt durch den Kunden, das schriftliche Festhalten durch den Finanzplaner. Der Berater weist, in Form einer Checkliste frühzeitig auf die Unterlagen hin, die er benötigt.[73] Der Kunde nimmt daraufhin eine Sortierung der relevanten Unterlagen vor. Dies

[69] vgl. Kruschev, Wesselin, a.a.O. , S.84

[70] vgl. Böckhoff, Michael , Stracke, Guido, a.a.O, S.76

[71] vgl. Kruschev, Wesselin, a.a.O. , S.84 ff.

[72] vgl. Kruschev, Wesselin, a.a.O. , S.87

[73] vgl. Böckhoff, Michael , Stracke, Guido, a.a.O, S.77

spart dem Anbieter Zeit und Kosten und wird sich positiv auf den Preis der Finanzplanung auswirken. Die Datenerfassung kann nach Übergabe der relevanten Unterlagen zunächst durch den Finanzplaner in Eigenregie erfolgen. Alle wichtigen Unterlagen (Versicherungspolicen, Steuererklärungen usw.) sollten als Kopie dem Finanzplaner vorliegen. Dies verhilft zu einer raschen Datenerfassung und dient dem Zweck einer späteren Qualitätskontrolle.

Entstehen bei der Datenerfassung eventuelle Unklarheiten oder offene Fragen, so kann der Berater diese zusammenfassen und in einem weiteren Gespräch mit dem Kunden versuchen die Unklarheiten zu lösen.

In der Regel liegen nicht alle Unterlagen (z.B. Ablaufleistungen von Kapitallebensversicherungen, Anwartschaften bei Rentenversicherungsträgern etc.) dem Kunden vor. Für die Beschaffung dieser Daten sollte der Mandant dem Berater eine Vollmacht erteilen, die natürlich nur für die Datenerhebung im Rahmen der Finanzplanung Gültigkeit hat.[74]

Für die Durchführung der Datenaufnahme müssen erfahrungsgemäß zwischen zwei und vier Stunden veranschlagt werden, unter Umständen auch mehr. Dabei ist der Zeitaufwand für die Beschaffung von fehlenden Unterlagen nicht inbegriffen. Durch eine gute Vorbereitung kann der Zeitaufwand bei der Datenaufnahme sowohl für den Kunden, wie auch für den Finanzplaner erheblich verkürzt werden.[75]

6.1.2 Inhalte des Datenerfassungsbogen

Ein präziser und sachgerechter Datenerfassungsbogen (Checkliste) stellt ein sehr gutes Instrument für eine effiziente Vorbereitung dar. Die Checkliste muss so aufgebaut und gestaltet sein, dass eine computerunterstützte Analyse ohne großen Aufwand möglich ist und alle relevanten Daten für eine erfolgsversprechende Finanzplanung erfasst werden.

Es wird gelegentlich die Bereitschaft der Kunden angezweifelt, alle Daten, die für eine Private Finanzplanung notwendig sind, dem Finanzplaner zu offenbaren. Das Verständnis des Kunden für die Notwendigkeit der ausführlichen Datenerhebung ist immer dann gegeben, wenn das Wesen der Privaten Finanzplanung vom Kunden verstanden worden ist.

[74] vgl. Böckhoff, Michael , Stracke, Guido, a.a.O, S.77

[75] vgl. Kruschev, Wesselin, a.a.O. , S.85

Der Berater sollte deshalb den Kunden bei der Übergabe der Checkliste erläutern, wofür die einzelnen Angaben benötigt werden und welcher Zweck mit den bereitgestellten Daten verfolgt wird. Daneben kann der Finanzplaner den Kunden auch darauf hinweisen, dass er nur die Informationen geben muss, die er auch geben möchte. In diesem Fall muss der Berater klar herausstellen, dass ein Fehlen bestimmter notwendiger Informationen einen sehr starken Einfluss auf den Erfolg und den persönlichen Nutzen der Analyse hat.

Alle Unterlagen sollten sich auf den gleichen Stichtag (z.B. 31. Dezember des Vorjahres) beziehen. Aufwendige Rück- bzw. Vorrechnungen können dadurch vermieden werden. Außerdem wird so von einem für alle Vermögenswerte und Zahlungsströme vergleichbaren Zeitpunkt ausgegangen.[76]

Die relevanten Daten und Unterlagen die vom Kunden angefordert werden sollten, lassen sich grundsätzlich in fünf Bereiche einteilen:[77]

1. Informationen zur persönlichen Situation des Kunden
2. Feststellung der Ziele und Wünsche des Kunden
3. Unterlagen zur Vermögens- und Schuldensituation
4. Angaben zu periodischen Einnahmen und Ausgaben
5. Einschätzung der Risikomentalität und Anlegermentalität

Informationen zur persönlichen Situation des Kunden

Zunächst sollten die persönlichen, familiären und beruflichen Gegebenheiten des Kunden erfragt werden. Hierzu zählen z.B. Alter, Beruf, Familienstand, Anzahl und Alter der Kinder, Gesundheit und Lebensstandard aller Familienangehörigen etc. [78]
Es ist teilweise nicht ersichtlich, wer der Empfänger der Finanzplanung ist. Bei Ehepartner kann es vorkommen, dass nur einer der Empfänger ist. Die Ansprache des Gutachtens sollte sich danach richten. Bei Kindern sollte berücksichtigt werden, ob diese in die Analyse miteinbezogen werden.[79] Eine Checkliste muss dies zu Anfang berücksichtigen, da bei der weiteren Datenerhebung nur die Daten erfasst werden, die dem Empfänger der Finanzplanung dienen.

---

[76] vgl. Böckhoff / Stracke, a.a.O, S.77
[77] vgl. Böckhoff / Stracke, a.a.O, S.76
[78] vgl. Kloepfer, Jacob, a.a.O. , S.32
[79] vgl. Böckhoff / Stracke, a.a.O, S.78

Feststellung der Ziele und Wünsche des Kunden

Die Checkliste sollte neben persönlichen Daten, auch Informationen zu qualitativen Merkmalen des Kunden sammeln. Die qualitativen Merkmale sind u.a. die Erfragung der Ziele und Wünsche des Kunden. Die Festlegung der individuellen Ziele ist unumgänglich, da diese die Planungsprämissen der späteren Finanzplanung darstellen.

Abbildung 4 Ziele und Wünsche

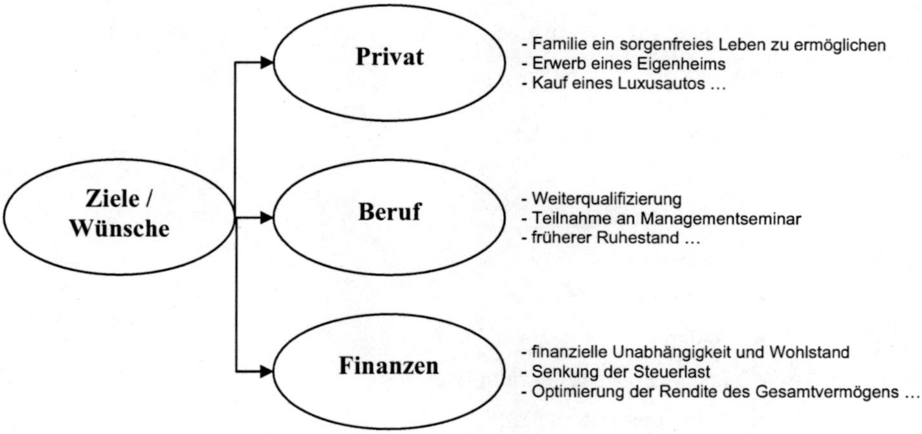

Quelle: Eigene Darstellung angelehnt Stracke/Thies (1987), a.a.O., S.518

Spätestens in dieser Phase muss sich der Kunde über seine konkreten Ziele, die mit der Finanzplanung erreicht werden sollen im Klaren sein.[80] Die Praxis zeigt, dass es den meisten Kunden nicht leicht fällt, Ziele und Wünsche konkret zu definieren und ihnen eine Prioritätsreihenfolge[81] zu geben. Aufgabe des Finanzplaners ist es dann den Kunden bei der Formulierung der Ziele zu unterstützen.[82]

Je genauer die Ziele formuliert werden, desto besser kann die Private Finanzplanung versuchen Lösungen für diese zu finden. Außerdem veranlasst es den Kunden genau darüber nachzudenken, welche finanziellen Ziele erreicht werden sollen.[83]

---

80 vgl. Kruschev, Wesselin, a.a.O., S.85

81 Eine Tabelle zur Bestimmung der zeitlichen Priorität der Kundenziele zeigt Anlage 3. (S. 112)

82 vgl. Böckhoff / Stracke, a.a.O, S.77

83 vgl. Kruschev, Wesselin, a.a.O., S. 46

Die gesetzten Ziele und Wünsche sollten unbedingt nochmals mit dem Finanzplaner durchgegangen werden, damit eventuelle Missverständnisse vermieden werden. Die Zielsetzung der Finanzplanung muss die Zielsetzung des Kunden abbilden. Nur so können die Ergebnisse des Finanzplans die Erwartungen des Kunden widerspiegeln. Die richtige Zielerfassung hat somit einen großen Einfluss auf die Erfolgsbeurteilung der Privaten Finanzplanung.

Unterlagen zur Vermögens- und Schuldensituation

Die erforderlichen Angaben im Bereich des Vermögens umfassen alle Informationen über Vermögenswerte und Schulden. Zu den Vermögenswerten zählen u.a. der Bestand an:[84]

- Bargeld (liquide Mitte)
- Spareinlagen
- Festgeldanlagen
- Bausparguthaben
- Investmentfonds
- Aktien
- festverzinsliche Wertpapiere
- Lebensversicherungen
- Immobilien etc.

Die erforderlichen Unterlagen (jeweils für Kunde, Partner und u.U. auch Kinder) sind: Depot- und Kontoauszüge, Sparverträge und Sparbriefe, Verträge über Fondsbeteiligungen, Versicherungspolicen mit aktuellen Versicherungsleistungen und Ablaufleistungen, Auszüge aus Bausparkonten, Unterlagen zur betrieblichen Altersvorsorge, Unterlagen zur gesetzlichen Rentenversicherung, Darlehensverträge mit aktuellem Restschuldbestand und Konditionen etc.[85] Außerdem sollten im Bereich des Vermögens sofern vorhanden Unterlagen zum Rentenversicherungsverlauf bzw. Einzelnachweise und ggf. der Ehevertrag und ein evtl. Testament oder Erbverträge beigefügt werden. Die Fragen nach den Verbindlichkeiten zielen insbesondere auf Kredite, Steuerschulden und private Schulden ab.

[84] vgl. Böckhoff / Stracke, a.a.O., S.76

[85] vgl. Böckhoff / Stracke, a.a.O., S.77

Angaben zu periodischen Einnahmen und Ausgaben

Ob eine Erfassung der Ausgaben- und Einnahmenstruktur gewünscht ist, muss der Berater zuvor mit dem Kunden absprechen. Viele Kunden werden einen so tiefen Einblick in ihre Privatsspähre nicht wünschen.[86] Zu den Einnahmen gehören

- Einkünfte aus nicht-selbständiger und selbstständiger Arbeit
- Zinseinkünfte und Dividenden
- eingehende Miet- bzw. Pachtzahlungen
- Rentenzahlungen, Gewinnanteile und Zahlungen aus Versicherungen

Einen guten Überblick verschaffen Einkommenssteuererklärungen mit allen Anlagen und Einkommenssteuerbescheide. Gerade im Hinblick auf die steuerliche Optimierung darf im Rahmen der Finanzplanung nicht auf Steuererklärungen bzw. Steuerbescheide verzichtet werden. Zu den Ausgaben gehören

- Lebenshaltungskosten
- Mietzahlungen
- Zinszahlungen
- Tilgungszahlungen
- Versicherungsbeiträge
- Sparraten etc.

Die Erfassung der Ausgaben für die Lebenshaltung gestaltet sich häufig als schwierig. Nur wenige Haushalte verfügen über eine Aufzeichnung ihrer Ausgaben. Viele Haushalte können deshalb nicht angeben, wie viel sie für ihre Lebenshaltung monatlich ausgeben. Häufig werden die tatsächlichen Ausgaben unterschätzt.[87]

Falls keine genaue Übersicht über die Ausgabenströme existiert oder vom Kunden keine gegeben werden möchten, so sollten zumindest Angaben über hohe geplante Investitionen erfolgen. Hat der Kunde beispielsweise konkrete Pläne über die Anschaffung einer Immobilie oder möchte er in naher Zukunft ein Kraftfahrzeug erwerben, so sollte dies in den Ausgaben berücksichtigt werden. Die unbedingt notwendigen Daten, ergeben sich aus den Zielen, die der Kunde durch die Finanzplanung erreichen möchte.

[86] vgl. Böckhoff / Stracke, a.a.O., S.79
[87] vgl. Böckhoff / Stracke, a.a.O., S.79

Einschätzung der Risikomentalität und Anlegermentalität

Richtige Empfehlungen im Sinne des Kunden können vom Berater nur dann gegeben werden, wenn dieser Kenntnis von der Risikomentalität und der Anlegermentalität des Mandanten besitzt.

Die Risikomentalität bezeichnet die Risikobereitschaft des Kunden eventuelle Verluste hinzunehmen. Je höher das Risiko, umso höher ist die Chance auf eine „saftige" Rendite. Je höher die Sicherheit, umso geringer fällt die Rendite aus. Größtmögliche Sicherheit und größtmöglicher Ertrag schließen sich gegenseitig aus.[88]

Eine hohe Risikobereitschaft mit der Risikoeinschätzung sogar Totalverluste in Kauf zunehmen, wird als sehr risikofreudig oder chancenorientiert eingestuft. Der Gegenpol mit der Einschätzung keine Verluste oder nur sehr geringe Verluste hinzunehmen wird als risikoavers oder konservativ bezeichnet. Dazwischen gibt es verschiedene Abstufungen. Eine Risikodifferenzierung kann in fünf Klassen von konservativ bis chancenorientiert erfolgen. Anlage 4 (S. 113) zeigt diese Aufteilung in tabellarischer Form.

[88] vgl. Mühlbradt, Frank, W., Die optimale Geldanlage, Düsseldorf (ECON), 3.Auflage, 1990, S.33

6.2 Analysephase

Im nächsten Schritt werden die erfassten Daten analysiert. Die Analysephase der Privaten Finanzplanung lässt sich grundsätzlich unterteilen in die Darstellung des Status quo, die Analyse der Schwächen und Stärken und die Konzeption für die Zukunft.[89] Die im Rahmen der Datenaufnahme gesammelten Daten werden meist mit Hilfe einer Spezialsoftware ausgewertet. Dabei werden drei Bereiche des Privathaushalts besonders untersucht: *Finanzstatus, Vermögensstatus* und *Risikostatus.*

6.2.1 Finanzstatus

6.2.1.1 Aufbereitung des Finanzstatus

Der Finanzstatus gibt Aufschluss über die Einnahmen und Ausgaben des Privathaushaltes. Er stellt eine „persönliche Gewinn und Verlustrechnung" dar, die zur Ermittlung der Liquidität des Privathaushalts dient.[90]

Die Ziele einer Privaten Einnahmen und Ausgabenrechnung für den Kunden sind [91]

- Übersicht über die Haushaltseinnahmen und –ausgaben
- Erkennen von Ansatzpunkten für Einsparungen und Zusatzeinnahmen
- Planung des zukünftigen Ausgabeverhaltens (Budgetierung)
- Ermittlung freier, verfügbarer Einkommensteile für die Vermögensbildung

Der oft verwendete Begriff Gewinn/Verlust Rechnung wird für die relevante Zielgruppe der privaten Haushalte für nicht geeignet empfunden. Zum einen ist diese Begriffswahl für den Laien zu wenig aussagekräftig. Andererseits ist der Inhalt einer betrieblichen Gewinn und Verlustrechnung ein anderer als bei der privaten Gewinn und Verlustrechnung. In einer betrieblichen GuV werden Erträge und Aufwendungen erfasst, unabhängig davon ob ein Zu – bzw. Abfluss von (liquiden) Mitteln stattgefunden hat. Ziel ist es den in einer Periode erwirtschafteten Gewinn bzw. Verlust zu berechnen und transparent darzustellen. In der privaten Finanzplanung ist das Ziel nicht die Berechnung eines Gewinns oder Verlusts. Es

[89] vgl. Ehrlich / Dembrowski, a.a.O., S.66
[90] vgl. Farkass-Richling / Staab, a.a.O., S. 63
[91] vgl. Böckhoff / Stracke, a.a.O, S.153

sollen vielmehr die Einnahmen den Ausgaben[92] gegenübergestellt werden. Die private Gewinn und Verlustrechnung hat somit eher den Charakter eines Einnahmen–Überschuss-Rechners gemäß § 4, III EstG.[93] Die Bezeichnung Private Einahmen/Ausgabenrechnung (PEA) wird deshalb im Rahmen der Privaten Finanzplanung als geeigneter empfunden. Zum einen stimmt diese Bezeichnung eher mit den Definitionen und dem Verständnis in der Betriebswirtschaftslehre überein, zum anderen ist dieser Begriff auch für die Zielgruppe Private Haushalte leichter verständlich und besser nachvollziehbar.

Erfassung der Einnahmen

Im Rahmen einer Privaten Einnahmen/Ausgabenrechnung müssen zunächst die Einnahmen erfasst werden. Die Einnahmen bestehen aus den dem Privathaushalt während des Betrachtungszeitraums zufließenden Einzahlungsströmen. Die Grundlage für die Erfassung der Einnahmen bieten die Angaben des Kunden und sowie dessen Steuerbescheide und Steuererklärungen. In Zweifelsfällen kann auch auf die Auszüge der Girokonten zurückgegriffen werden, um Zahlungseingänge zu ermitteln.[94] Die Erfassung der Einnahmen des Kunden kann auf Brutto- oder auf Nettobasis erfolgen.

Für die Nettoerfassung kann angeführt werden, dass viele Haushalte in „Nettobeträgen“ denken. Die Datenbeschaffung und die Wiedererkennung könnten leichter fallen.

Bei der Bruttoerfassung werden jeweils die vertraglich vereinbarten Bruttobeträge z.B. Lohn und Gehalt aufgelistet. Entsprechend muss dann bei den Ausgaben die Position „Steuern und Sozialversicherung“ erscheinen. Der Vorteil der Bruttoerfassung ist, dass die so ermittelten Daten auch Grundlage für eine Steuerplanung sein können.[95] Im Allgemeinen empfiehlt sich eine Bruttorechnung. Ein mögliches Einnahmenerfassungsformular zeigt Anlage 5. (S. 114)

---

[92] Die Begriffe Einnahmen und Ausgaben bezeichnen den tatsächlichen Zu- bzw. Abfluss von Mitteln. In der Kostenrechnung wird deshalb zwischen Einnahmen / Ausgaben, Erträge / Aufwendungen und Leistungen / Kosten unterschieden.

[93] vgl. § 4, III Satz 1 EstG: „ Steuerpflichtige, (...) können als Gewinn auch den Überschuss der Betriebseinnahmen über die Betriebsausgaben ansetzen.“

[94] vgl. Farkass-Richling / Staab, a.a.O., S. 63

Erfassung der Ausgaben

Im Bereich der Ausgabenerfassung (vgl. Anlage 6) machen erfahrungsgemäß die Höhe der Lebenshaltung am meisten Schwierigkeiten. Die zuverlässigste Methode zur Erfassung der Lebenshaltungskosten ist die Führung eines Haushaltsbuchs oder die Verwendung eines EDV-Programms (z.B. MS Quicken). Leider erfordert diese Methode etwas Aufwand und wird nur selten angewandt. Hilfsweise kann die Auswertung der Kontoauszüge und gegebenenfalls die Kreditkartenabrechnung herangezogen werden.[96] Andererseits kann der Finanzplaner auch die Durchschnittssätze der Kreditinstitute zugrundelegen. Die monatlichen Ausgaben für die Lebenshaltung werden demnach wie folgt kalkuliert: [97]

- Ledige 800 Euro
- Verheiratete 1.000 Euro
- jedes Kind 250 Euro.

6.2.1.2 Finanzstatus-Analyse

Das Ergebnis einer Privaten Einahmen/Ausgabenrechnung ist ein Überblick über die Liquidität und der Ausgangspunkt für zukünftige Planungen. Übersteigen die Einnahmen die Ausgaben, so wird Sparen möglich.[98] Zumeist wird der überschüssige Betrag auf dem gering oder gar nicht verzinsten Girokonto gehalten. Die Auswirkungen auf den Vermögensaufbau und die Zinsverluste werden oft unterschätzt.[99]

Übersteigen anderseits die Ausgaben die Einnahmen, so müssen Ersparnisse aufgelöst oder die „Finanzierungslücke" durch (Dispositions)Kredite geschlossen werden. Eine regelmäßige Private Einahmen/Ausgabenrechnung verhilft dazu, dass solchen Ereignissen schon frühzeitig entgegengewirkt werden kann. Dazu gehören eine effektive *Ausgabenkontrolle* und eine *Neustrukturierung der Verschuldung*.[100]

---

[95] vgl. Böckhoff / Stracke, a.a.O, S.156

[96] vgl. Böckhoff / Stracke, a.a.O, S.156

[97] vgl. Farkass-Richling / Staab, a.a.O., S. 65

[98] vgl. Hochberger, Bernd, a.a.O., S.89

[99] Das Ergebnis einer PEA ist beispielsweise ein Überschuss der Einnahmen über die Ausgaben in Höhe von 200,00 Euro. Werden die Beträge vom Girokonto nicht umgeschichtet auf eine besserverzinste Anlageform, so ergibt sich nach 10 Jahren ein Betrag von 24.000 Euro. Wird aber der monatliche Überschuss beispielsweise auf ein Tagesgeldkonto umgeschichtet, so ergibt sich bei einem Zinssatz von derzeit 2,86 % ein Mehrertrag von rund 3.700 Euro. Die Möglichkeit einen Aktienfonds zu bedienen besteht ebenfalls. Geht man von einer durchschnittlichen Rendite von 7% aus, so ergibt sich ein Mehrertrag nach 10 Jahren in Höhe von rund 10.000 Euro.

[100] vgl. Mittra, Sid, a.a.O., S.199ff

Ausgabenkontrolle

Die Ausgabenkontrolle erfordert eine konsequente Überprüfung und Überwachung der Ausgaben. Bei der Überprüfung werden einzelne Ausgabenblöcke der Privaten Einnahmen/Ausgabenrechnung einzeln analysiert. Es können z.B. im Versicherungsbereich versucht werden Beitragssätze zu reduzieren. Hierbei kann der Finanzplaner durch gezielte Angebotsvergleiche dem Mandanten bei einer Auswahl behilflich sein. Im Bereich der Lebenshaltungskosten sollte der Kunde sich selbst Gedanken machen inwieweit Einsparungen möglich sind.

Neustrukturierung der Verschuldung

Die Betrachtung der monatlichen Ausgaben für die Schuldentilgung leitet zur Frage einer möglichen Neustrukturierung der Verschuldung über. Eventuelle öfters vorkommende teuere Kontokorrentkredite sollten in langfristige Darlehen umgeschichtet werden. Die Überprüfung von schon bestehenden Krediten ist ebenfalls ein Ansatzpunkt. Eventuell lohnt sich die Umschuldung auf günstigere Kreditgeber. Auch eventuelle Sondertilgungen sind eine Möglichkeit die Kreditlast zu senken. Hier mit einhergehend ist die Umstrukturierung des Vermögens. Umschichtungen von langfristigen auf kurzfristige Anlageformen können eventuelle Liquiditätsengpässe, aber auch einer Sondertilgung dienen.

6.2.1.3 Finanzstatus-Prognose

Da dies oftmals nicht kurzfristig möglich ist, sollte die Private Einahmen/Ausgabenrechnung sich nicht nur auf die heutigen Werte beziehen, sondern in die Zukunft unter realistischen Annahmen in einer Prognoserechnung weitergerechnet werden. Die Einnahmen und Ausgaben werden – auf der Basis der gegenwärtigen Kenntnis über zukünftige Entwicklungen – in die Zukunft fortgeschrieben und um künftig einmalig oder neu auftretende Positionen ergänzt. In einer Prognose PEA, werden so Erkenntnisse über die Entwicklung der Liquidität des Kunden in der Zukunft gewonnen.[101]

Die Entwicklung der privaten Finanzen wird weiter daraufhin untersucht, wie sich extreme Ereignisse (Berufsunfähigkeit, Unfall, Krankheit oder Tod) auf die Liquidität auswirken.[102]

---

[101] vgl. Kloepfer, Jacob, a.a.O. , S.37

[102] vgl Stracke / Thies, a.a.O., S.403

6.2.2 Vermögensstatus

Neben dem Finanzstatus wird auch der Vermögensstatus analysiert. Der Vermögensstatus umfasst die *Vermögensbilanz*, die *Vermögensstruktur* und die *Verbindlichkeitenstruktur.*[103]

6.2.2.1 Aufbereitung des Vermögensstatus

Der Vermögensstatus wird meist in der Form einer Privatbilanz aufbereitet. Die private Bilanz gibt einen schnellen Überblick über das Gesamtvermögen und die Verteilung von Eigenkapital und Fremdkapital.[104] Die Privatbilanz erlaubt dem Finanzplaner eine gezielte Analyse der Vermögensstruktur. Der Berater kann, durch geeignete Strukturierung der Vermögensbilanz deren Aussagekraft für den Kunden steigern.[105] Die Ziele einer Privatbilanz sind somit:[106]

- Dokumentation der aktuellen Vermögenssitutaion
- Analyse und Optimierung der Vermögensstruktur
- Basis für Prognoserechnungen
- Kontrolle der Vermögensentwicklungen

Der Aufbau der Privatbilanz wird weitgehend an die Gliederung der Unternehmensbilanz angelehnt. Auf der Vermögensseite *(Aktivseite)* wird die Gesamtheit aller Vermögensbetandteile abgebildet. Dies reicht von Bargeld, über Fonds bis zu den Rückkaufswerten von Lebensversicherungen. Wie detailliert die Anlagen dargestellt werden, richtet sich nach dem Ziel, das mit der Aufstellung der Privatbilanz verfolgt wird.

Auf der *Passivseite* der Bilanz werden sämtliche Verbindlichkeiten mit ihrem aktuellem Restschuldbetrag aufgelistet. Außerdem steht hier das Nettovermögen. Das Nettovermögen bzw. Eigenkapital des Kunden ergibt sich aus der Summe aller Vermögensgegenstände minus der Verbindlichkeiten. [107] Wichtig ist, wie auch schon bei der Datenaufnahme erwähnt, dass ein einheitlicher Stichtag für die Bewertung zugrunde gelegt wird. Die Grundsätze zur Bewertung des Vermögensstandes und die Bewertung der Verbindlichkeiten kann aus der in Anlage 7 (S.116) abgebildeten Privatbilanz abgelesen werden.

---

[103] vgl. Farkass-Richling / Staab, a.a.O., S. 69

[104] vgl. Ehrlich / Dembrowski, a.a.O., S.66

[105] vgl. Kruschev, Wesselin, a.a.O.,S.100

[106] vgl. Böckhoff / Stracke, a.a.O, S.112

[107] vgl. Böckhoff / Stracke, a.a.O, S.114

6.2.2.2 Aufbereitung der Vermögenstruktur

Die erstellte Privatbilanz bildet den Ausgangspunkt für die Vermögensstrukturierung. Hierfür werden die Vermögensanlagen der Privatbilanz nach speziellen Kriterien zusammengefasst und gegliedert. Daraus lassen sich sehr viele Erkenntnisse ableiten. So z.B. die Antworten auf folgende Fragen: [108]

- Wie sind die Anlagen derzeit nach Anlageformen, Währungen, Verfügbarkeit strukturiert?
- Welche langfristige Renditeerwartung lässt sich aus der gegebenen Anlagestruktur ableiten?
- Welches Risikopotential beinhaltet die Anlagestruktur?

Abbildung 5 Beispiel: Vermögensgliederung nach Anlagegattungen

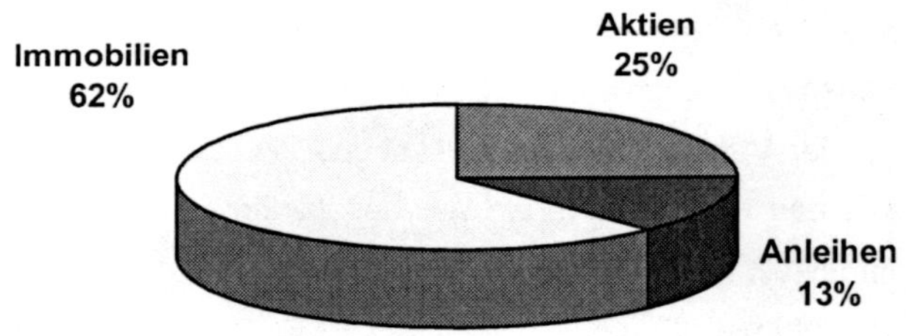

Quelle: In Anlehnung an Farkass-Richling / Staab, a.a.O., S. 72

Die Antworten auf diese Fragen ergeben die Ansatzpunkte für Optimierungsmaßnahmen (z.B. durch Umschichtung von Vermögensteilen).[109] Die Vermögensstruktur oder Portfoliostruktur gibt somit Aufschluss über die Ist-Struktur von *Sicherheit*, *Liquidität* und *Rentabilität* der Vermögensanlagen.

[108] vgl. Farkass-Richling / Staab, a.a.O., S. 71

[109] vgl. Böckhoff, Michael , Stracke, Guido, a.a.O, S.113

Sicherheit

Die Sicherheit des Vermögens kann durch eine Zusammenfassung der Aktivseite der Privatbilanz unter sektoralen Gesichtspunkt dargestellt werden. Die sektorale Vermögensstruktur gibt somit Aufschluss über die Aufteilung des Vermögens nach Anlagegattungen.[110] Je breiter das Vermögen gestreut ist, desto besser ist es abgesichert. Unter Sicherheitsaspekten suboptimal ist es hingegen, wenn das Vermögen in einer Anlagegattung geballt ist.[111]

Liquidität

Sie gibt Aufschluss über die Möglichkeit eine Vermögensanlage in Bankguthaben oder Bargeld umzuwandeln. Die Aktivseite wird dazu unter den Gesichtspunkten der Liquidierbarkeit sortiert. So würden z.B. Anteile an offenen Immobilienfonds wegen ihrer schnellen Liquidierbarkeit sehr weit oben auf der Aktivseite stehen, während Immobilien weiter unten abgebildet werden müssen.[112]

Rentabilität

Die Rentabilität misst den wirtschaftlichen Erfolg einer Kapitalanlage. Um die Rentabilität des Vermögens beurteilen zu können und zu sehen wie das spezifisch betrachtete Kundenvermögen sich im Vergleich zum Markt und zu anderen Anlagen entwickelt hat, muss die Rendite mit einer Benchmark verglichen werden.

Bei Investmentfonds kann z.B. ein Vergleich mit einem passenden Index aus der MSCI-Indexfamilie einen Aufschluss über die Entwicklung im Vergleich zum Markt geben. Ein Vergleich mit anderen Fonds kann durch die in Fachzeitschriften (z.B. finanztest) veröffentlichen Fondstabellen geschehen.[113]

---

[110] vgl. Farkass-Richling / Staab, a.a.O., S. 72

[111] Dieser Gesichtspunkt wird näher in Kapitel II Punkt 6.2.2.3 im Rahmen der Portfoliotheorie erläutert.

[112] vgl. Böckhoff, Michael , Stracke, Guido, a.a.O, S.117

[113] vgl. Fehrenbach / Kapferer, An Investmentfonds verdienen, Freiburg (Haufe) 2001, S.262

6.2.2.3 Vermögensstruktur-Analyse

Die Grundlage für die Analyse der Vermögensstruktur bilden die zuvor in der Privatbilanz aufbereiteten Daten und die Zusammenfassungen bzw. Umgliederungen der Aktivseite. Die Analyse der Vermögensstruktur kann auch als Asset Allocation bezeichnet werden. Asset Allocation bedeutet die Verteilung (Allocation) von Vermögenswerten (Asset) innerhalb eines Portfolios.[114] Es gibt verschiedenene Ansätze zur Analyse der Vermögensstruktur.

Lebensphasenkonzept

Das Lebensphasenkonzept ist auf den Wirtschaftswissenschaftler Franco Modigliani zurückzuführen. Es wird bei diesem Konzept davon ausgegangen, dass jeder Anleger im Laufe seines Lebens typische Entwicklungsphasen durchläuft die seine Anlagemöglichkeiten und Anlageziele bestimmen. Es werden meist vier Phasen unterschieden:[115]

Phase 1:	Existenzsicherung (bis zum 35. Lebensjahr) Investitionen in das eigene Humankapital (Ausbildung) Versicherungen (Berufsunfähigkeit, Krankheit etc.) / Sparpläne
Phase 2:	Etablierung (35. bis 45. Lebensjahr) Aufbau eines Vermögenspolsters Anlage in Investment- oder Wertpapierdepots Kapitallebensversicherung zur Versorgung der Familie
Phase 3:	Risiko- und Spielphase (45. bis 60 Lebensjahr) Einkünfte hoch – Ausgaben sinken (Kinder evtl. aus dem Haus) Anlagen mit höherem Risiko (Aktien, Optionen, Termingeschäfte) Steueroptimierende Anlagen
Phase 4:	Erntezeit (ab dem 60. Lebensjahr) Umschichtung in weniger riskante und ertragsorientierte Anlagen (Festverzinsliche Wertpapiere, Immobilien, Rentenfonds etc.)

[114] vgl. Böckhoff / Stracke, a.a.O, S.81

[115] vgl. Mitternacht / Ruesch, Mehr Gewinn durch systematische Vermögensplanung, Wiesbaden (Gabler) 1995, S.4

Ein Kritikpunkt am Lebensphasenzykluskonzept ist, dass die typisch unterstellte Folge von Lebenssituationen und Zielen sehr schematisch ist. Positiv ist zu sehen, dass anhand des Konzeptes der Berater eine gewisse Sensibilität für mögliche Veränderungen von Bedürfnissen und Zielen des Kunden entwickeln kann. Dem Finanzplaner ist es mit Hilfe des Lebensphasenkonzepts möglich ein langfristiges Anlagekonzept zu erarbeiten, das für die zu erwartenden Veränderungen offen ist.[116] Der Finanzplaner ist somit in der Lage zu überprüfen, inwieweit die aktuelle Vermögensstruktur mit der kundenspezifischen Lebensphase übereinstimmt und daraufhin abgestimmte Empfehlungen zu geben. Das Lebensphasenkonzept sollte nur ein Anhaltspunkt sein und als eine Hilfestellung im Planungsprozess verwendet werden.

Abbildung 6 Lebensphasenkonzept

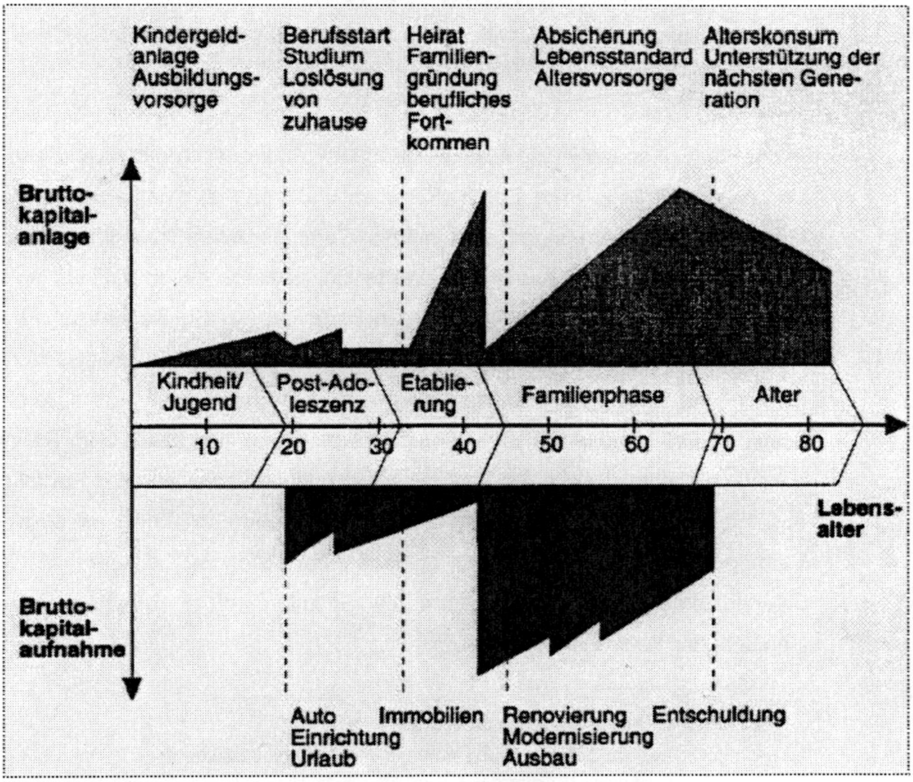

Quelle: Schäfer, Henry / Unkel, Steffen, a.a.O., 2000

[116] vgl. Böckhoff / Stracke, a.a.O, S.84

Portfoliotheorie

Ein anderer Ansatz hat zum Ziel die Vermögenstruktur so zu gestalten, dass ein optimaler Risiko-Rendite-Mix entsteht.[117] Dieser Ansatz geht auf die Portfoliotheorie von Henry Markowitz zurück, der im Jahr 1952 im „Journal of Finance“ seinen bahnbrechenden Artikel „Portfolio Selection“ veröffentlicht hat.

Ausgangspunkt der Überlegungen ist ein bestimmter zu Investitionszwecken zur Verfügung stehender Betrag. Im Vergleich zu einer Investition des gesamten Betrags in ein einziges Risikopapier, lässt sich durch breite Streuung des Betrags auf mehrere verschiedene Titel (Diversifikation) das Risiko der Anlage (beschrieben durch die Varianz) vermindern. Voraussetzung hierfür ist, dass die Renditen der Wertpapiere nicht perfekt positiv miteinander korreliert sind.[118]

Durch die Portfoliotheorie ist es möglich verschiedene Portfolios in den Dimensionen Risiko und Rendite miteinander zu vergleichen. Es kann so im Vergleich zweier Portfolios welche gleiche Renditen aufweisen, festgestellt werden welches Portfolio das geringere Risiko hat.

In der Finanzplanung ist die Portfoliotheorie aber nur beschränkt anwendbar. Für die Vergangenheit liegen alle Daten (Renditen und Varianz) einer Anlage zweifelsfrei vor und die Berechnungen sind mittels Computerunterstützung möglich. Leider können sich die Rendite und Risikowerte einer Anlage für die Zukunft ändern, so dass man die vergangenheitsbezogenen Daten nur als Schätzwert für die Zukunft verwenden kann. Das bedeutet, dass es auch mit der Portfoliomethode nicht möglich ist, diejenigen Portfolios *zweifelsfrei* zu bestimmen, die zukünftig den besten Risiko-Rendite-Mix darstellen.[119] Es empfiehlt sich deshalb im Rahmen der Vermögensoptimierung einer Privaten Finanzplanung zwar von der Portfoliotheorie auszugehen, bei ihr aber nicht stehen zu bleiben. Vielmehr lässt sich eine Vermögensoptimierung darüber hinaus noch durch weitere Maßnahmen unterstützen. Diese sind vor allem die Optimierung der Rendite, Steuern und Liquidität der Vermögensanlagen. [120]

---

[117] vgl. Farkass-Richling / Staab, a.a.O., S. 124

[118] vgl. http://boerse.ard.de/lexikon.jsp?p=150&key=lexikon_19062&letter=P

[119] vgl. Böckhoff / Stracke, a.a.O, S.94

[120] vgl. Farkass-Richling / Staab, a.a.O., S. 135 Hierauf wird in Kapitel II 6.3 Strategiephase noch näher eingegangen.

6.2.3 Risikostatus

Neben dem Finanz- und Vermögensstatus wird in der Privaten Finanzplanung der Risikostatus betrachtet. Der private Haushalt wird von einer Vielzahl unterschiedlicher Risiken beeinträchtigt. Der Risikostatus dient der Identifikation von Risiken und dem Schutz vor Abweichungen der Finanzplanung, die durch den Risikoeintritt für den Kundenhaushalt entstehen können.[121] Ohne eine bedarfsgerechte Absicherung der wichtigsten Lebensrisiken kann jede Vermögens-, Einkommens- und Liquiditätsplanung in Sekundenschnelle zur Makulatur werden.

Die Risikoanalyse nimmt somit innerhalb der privaten Finanzplanung einen zentralen Platz ein. Versicherbar sind in der Regel nur die ökonomischen Folgen von Risiken. Es ist aber nicht notwendig, sich gegen jedes Risiko mittels einer Versicherung zu schützen. Private Finanzplanung, v.a. der strategische Vermögensaufbau und die Liquiditätsplanung sind ebenfalls Maßnahmen, die den Versicherungsbedarf senken können. Die Selbsttragung von Risiken ist gegenüber der Versicherungslösung grundsätzlich für den Kunden rentabel, wenn die von ihm zu tragenden Schadenskosten im langfristigen Vergleich nicht größer sind als die Versicherungsprämien und keine Existenzbedrohung darstellen. Dann wäre nämlich die Ansammlung und verzinsliche Anlage der Versicherungsprämien zwecks Zahlung der Schäden aus dieser Rücklage für den Kunden kostengünstiger als der Abschluss einer Versicherung.

Der Vermögensaufbau allein reicht für die Selbstragung von Risiken nicht aus. Die Finanzmittel müssen im Schadensfall auch verfügbar sein. Es kommt die Notwendigkeit einer entsprechenden Liquiditätsplanung hinzu.[122]

6.2.3.1 Risikoindentifizierung

Die Risiken des Privathaushalts kann man in versicherbare und nicht versicherbare Risiken unterteilen. Versicherbare Risken lassen sich mit Hilfe einer Versicherung abdecken. Nicht-Versicherbare sind Gefahren, die sich nicht durch eine Versicherung abdecken lassen, aber durch rechtliche Vereinbarungen. Hierzu zählt die Gefahr von Scheidungen und Unterhaltszahlungen. Im Folgenden soll nur auf die versicherbaren Risiken näher eingegangen werden. Hierzu zählen Sach– und

[121] vgl. Farkass-Richling / Staab, a.a.O., S. 79
[122] vgl. Böckhoff / Stracke, a.a.O, S.208 ff.

Personenrisiken.[123] Abbildung 7 zeigt mögliche Risiken die auf den Privathaushalt einwirken.

Ob der Abschluss einer Versicherung empfehlenswert ist oder nicht, richtet sich nach der größtmöglichen Schadenshöhe, der Eintrittwahrscheinlichkeit eines Schadens, der Höhe der Versicherungsprämien, den vorhandenen Rücklagen und der Risikobereitschaft des Kunden.[124]

Abbildung 7 Risikoidentifizierung

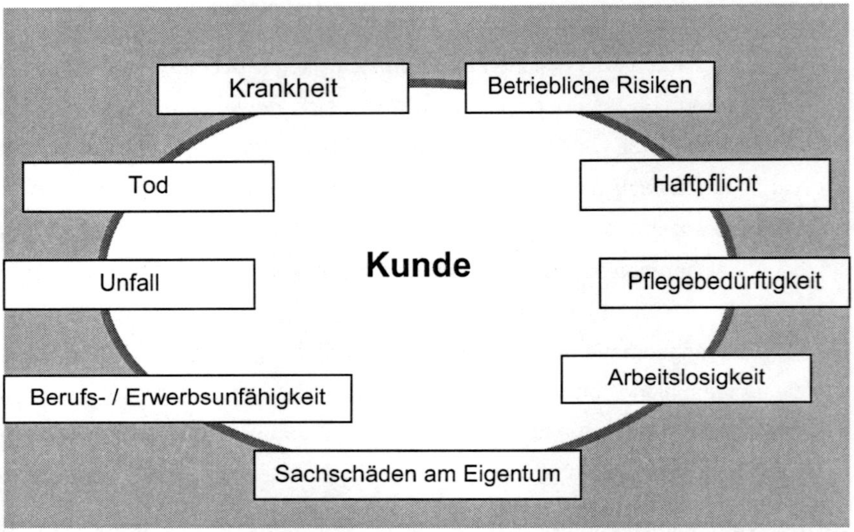

Quelle: Böckhoff / Stracke, a.a.O, S.211

6.2.3.2 Risikogewichtung

Nach der Risikoidentifizierung folgt die Risikogewichtung. Maßgeblich hierbei ist der größtmögliche Schaden, der bei Eintritt des Risikos denkbar ist. Die Simulation des Risikoeintritts soll darüber Aufschluss geben, ob sich die Gefahrverwirklichung existenzzerstörend, existenzbedrohend oder existenzneutral verhält. Die Gefahrenklassen können z.B. analog Abbildung 8 vorgenommen werden.

[123] vgl. Farkass-Richling / Staab, a.a.O., S. 79

Abbildung 8 Risikogewichtung nach Gefahrenklassen

Existenzzerstörend	Existenzbedrohend	Existenzneutral
- Krankheit	- Leitungswasser (Gebäude)	- Rechtsschutz
- Berufsunfähigkeit	- Sturm (Gebäude)	- Hausrat-Glas
- Unfall-Invalidiät	- Elementarschäden (Gebäude)	- Reisegepäck
- Tod	- Hausrat	- Fahrrad
- Haftpflicht	- Kfz-Kasko	- Skibruch
- Feuer (Gebäude)	- Arbeitslosigkeit	

Quelle: Böckhoff / Stracke, a.a.O, S.212

6.2.3.3 Risiko-Analyse

Als Ausgangspunkt einer Risikoanalyse wird zumeist angenommen, dass der bisherige Lebensstandard bei Eintritt des Risikos erhalten bleiben soll. Bei Familien muss die Risikoanalyse u.U. für jeden Partner separat erstellt werden. Dies gilt wenn beide Partner berufstätig sind oder Kinder und Angehörige versorgt werden müssen.

Die zentralen Risiken die in einer Risikoanalyse betrachtet werden sind Krankheit, Berufs/Erwerbsunfähigkeit und Tod. Es soll in der Risikoanalyse untersucht werden, ob die bestehende Absicherung im Worst-Case ausreicht um den bisherigen Lebensstandard zu erhalten. So z.B. ob die Versicherungssumme der Risikolebensversicherung bzw. Kapitallebensversicherung oder die Rente der Berufsunfähigkeitsversicherung ausreicht um den Lebensstandard zu erhalten.

Zur Risikoanalyse gehört auch, ob bestimmte Verträge beendet werden sollten. Dies betrifft einmal den Bereich der Mehrfachdeckung desselben Risikos bei verschiedenen Versicherern. Zweitens ist das Augenmerk auf Versicherungen zu legen, deren größtmöglicher Schaden ohne größere Probleme selbst gedeckt werden kann, z.B. Glasversicherung oder Reisegepäckversicherung.

Dazu gehören auch die Überprüfung der Höhe der Beitragssätze und deren Zahlungsweise. So z.B. der Wechsel zu einem billigeren Anbieter oder die Umstellung von monatlicher auf jährliche Zahlung. Der Beitragsvorteil liegt hier regelmäßig bei 5 % und bietet damit eine recht attraktive Rendite. [125]

---

[124] vgl. Böckhoff / Stracke, a.a.O, S.213

[125] vgl. Böckhoff / Stracke, a.a.O, S.213 ff.

6.3 Strategiephase

Nach der Erfassung der Kundendaten, der Analyse der Einnahmen/Ausgaben (Finanzstatus), der Vermögensbilanz (Vermögensstatus) sowie des Risikostatus steht der Finanzplaner vor dem eigentlichen Planungs- und Optimierungsprozess. Der Finanzplaner versucht in dieser Phase der Finanzplanung in einem vernetzten System eine für den Kunden optimale Strategie zu finden.[126]

Es können hierbei Strategien zur *Steueroptimierung*, *Liquiditätsoptimierung*, *Renditeoptimierung* und das *Risikomanagement* unterschieden werden.

Abbildung 9 Das "Magische Viereck" der Finanzplanung

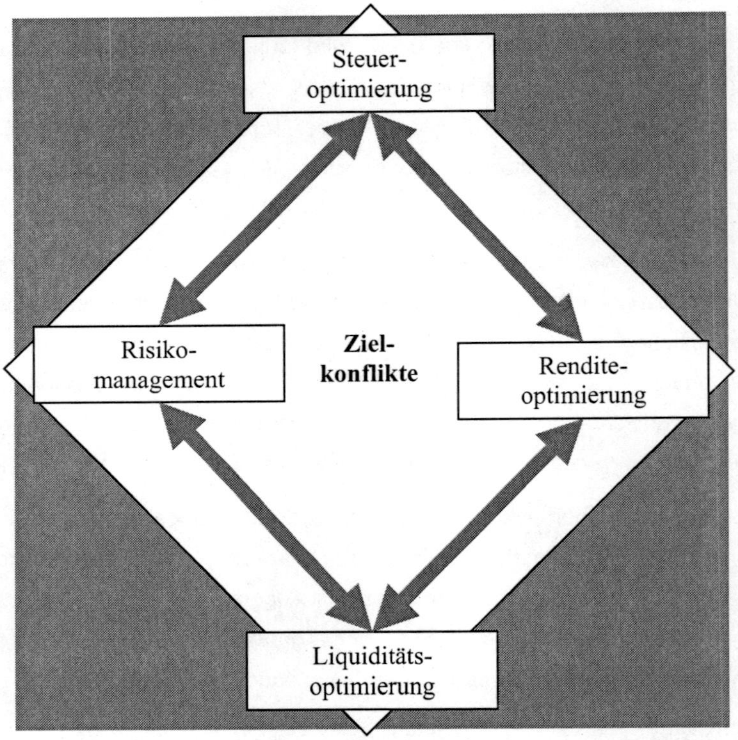

Quelle: Mit Veränderungen übernommen aus Böckhoff / Stracke, a.a.O, S.279

[126] Böckhoff, Michael , Stracke, Guido, a.a.O, S.277

6.3.1 Steueroptimierung

Unter Steueroptimierung versteht man die günstige Gestaltung der persönlichen Finanzen, die eine *Steuerverschiebung*, *Steuerverminderung* oder *Steuervermeidung* zur Folge hat.

Die Fortschreibung der Privaten Einnahmen und Ausgabenrechnung in die Zukunft (vgl. Kapitel II 6.2.1.3), ermöglicht die Bestimmung der Jahre in denen die steuerlichen Einkünfte besonders hoch oder besonders niedrig sein werden. Diese Zukunftsprognose ist aber mit Unwägbarkeiten verbunden, so wie z.B. die Änderung der Steuergesetzgebung. Trotzdem kann die zukünftige PEA Grundlage für eine steueroptimierende Anlagepolitik sein.

Steuerverschiebung

Darunter versteht man die zeitliche Verschiebung der Steuerbelastung in die Zukunft. Sollte die Steuerbelastung des Mandanten in Zukunft geringer sein als heute, z.B. durch den bevorstehenden Eintritt in die Rente, so ergibt sich aus der Steuerverschiebung auch eine endgültige Steuerentlastung.[127] Aber auch für den Zeitraum, in dem keine Absenkung des steuerpflichtigen Einkommens zu erwarten ist, empfiehlt es sich, die Steuerverschiebung in bestimmten Grenzen zu nutzen. Das Hinausschieben von Steuerzahlungen ermöglicht eine zwischenzeitliche Anlage der aufgeschobenen Steuerzahlungen und damit zusätzliches Einkommen in Form von Zinsen.[128] Anlagemöglichkeiten im Rahmen der Steuerverschiebung sind beispielsweise Zerobonds (Nullkupon-Anleihen)[129] oder Kombizins-Anleihen.
Bei diesen Anlageformen werden die Einkünfte in spätere Veranlagungszeiträume verlagert. Bei Kombizins-Anleihen erfolgt eine jährliche Zinszahlung nach einem bei der Emission vereinbarten Muster. Es wird dabei zwischen Step-up- und Step-Down-Anleihen unterschieden. Bei einer Step-Up-Anleihe werden zu Beginn geringe oder keine Zinsen bezahlt, in späteren Jahren dafür umso höhere. Dagegen werden bei der Step-Down-Anleihe zu Beginn hohe Zinsen bezahlt und später geringe oder keine mehr. Die Step-Up-Anleihen eignen sich ebenso wie Zerobonds steuerpflichtige Erträge in spätere Zeiträume zu verlagern, in denen insgesamt geringere Einkünfte zu versteuern sind, so z.B. im Rentenalter.[130]

---

[127] vgl. Farkass-Richling / Staab, a.a.O., S. 101 ff.

[128] vgl. Böckhoff, Michael , Stracke, Guido, a.a.O, S.284

[129] Zerobonds sind Anleihen ohne laufende jährliche Zinszahlung. Den Zinsbetrag erhält der Anleger am Ende der Laufzeit zusammen mit dem investierten Kapital zurück. Hält der Anleger den Zerobond von der Emission bis zur Einlösung, so ist die Zinsansammlung erst im Zeitpunkt der Einlösung zu versteuern.

[130] vgl. Farkass-Richling / Staab, a.a.O., S. 112

Steuervermeidung und Steuerverminderung

Diese Strategie beinhaltet die vorteilhafte Gestaltung, bei der entweder keine oder eine niedrigere Steuer anfällt. So können hier steuerpflichtige Einkünfte auf Angehörige verlagert werden. Hierbei bestehen unterschiedliche Verlagerungsmöglichkeiten innerhalb der Familie, wobei aber vorausgesetzt werden muss, dass der Mandant seine Familie zur Ausschöpfung des größtmöglichen Steuervorteils als Ganzes sieht. Die Verlagerung des Vermögens auf die Kinder bietet sich neben dem Gedanken der Steuerverminderung auch aus den Überlegungen, dass die Eltern gegenüber ihren Kindern zur gesetzlichen Unterhaltsleistung verpflichtet sind, soweit die Kinder nicht über eigene finanzielle Mittel verfügen. Kinder stellen bereits mit der Geburt steuerliche Subjekte dar, d.h. die Kinder haben eine eigene steuerliche Sphäre mit eigenen Freibeträgen, Freigrenzen und sonstigen steuerlichen Erleichterungen. Die Vorteile im Bereich der Ertragsteuern (z.B. Einkommenssteuer) sind die Ausschöpfung weiterer Freibeträge beim Kind (Grundfreibetrag, Sparerfreibetrag, Werbungskostenpauschale).[131]

Außerdem können durch eine Ausnutzung der Freibeträge mit mehrfacher Inanspruchnahme im 10-Jahres Rhythmus die Erbschafts- und Schenkungssteuer vermieden werden. Es sollte hierbei aber beachtet werden, dass ab gewissen Grenzen kindbedingte Vergünstigungen, wie z.B. Kindergeld[132] wegfallen.

Es müssen bei der Übertragung von Vermögen gewisse Formvorschriften eingehalten werden. Eine Schenkung muss zivilrechtlich ohne Gegenleistung erfolgen, d.h. dem Kind wird ausschließlich ein Vorteil zugewandt. Die Zuwendung muss also wirklich gewollt sein. Das Vermögen darf von den Eltern nicht mehr für eigene Zwecke, sondern ausschließlich nur noch zum Wohle des Kindes verwendet werden. Die Kreditinstitute tragen diesem insoweit Rechnung, indem sie diese Konten mit dem Zusatz „Minderjährigenkonto" versehen.[133]

In der Praxis haben Eltern aber vielfach Bedenken ihren Kindern bereits vorzeitig große Teile des Vermögens zu übertragen. Insbesondere bei größeren Immobilienvermögen kann die Gründung eines Familienpools eine Lösung darstellen. Der Familienpool bietet die Möglichkeit sowohl erbschaftsteuerrechtliche Vorteile zu realisieren als auch Fragen der späteren Verfügung (Verwaltung, Veräußerung des Vermögens etc.) zu regeln und kann so ausgestaltet werden, dass

---

[131] vgl. Farkass-Richling / Staab, a.a.O., S. 103 ff.

[132] Ab Einkünften und Bezügen des Kindes von derzeit über 7.188 Euro.

[133] vgl. Farkass-Richling / Staab, a.a.O., S. 103 ff.

die Eltern trotz vorweggenommener Übertragung des Eigentums die Entscheidungsmacht über die Immobilien behalten. Beim Familienpool wird das Vermögen der Eltern nicht einzeln den Kindern zugeordnet, sondern in eine neugegründete Gesellschaft eingebracht. Diese Gesellschaft (z.B. eine GbR) ist ein vertraglicher Zusammenschluss zweier oder mehrerer Personen, wobei hier für individuelle Vertragsgestaltungen ein großer Spielraum verbleibt.[134] Durch die Bestimmung der Ergebnisverteilung können die Erträge aus den in den Familienpool eingebrachten Vermögenswerten optimal auf die Gesellschafter verteilt werden. Der Familienpool ist als Gesellschaft des bürgerlichen Rechts (Personengesellschaft) selbst nicht einkommensteuerpflichtig. Es muss hier somit eine gesonderte und einheitliche Gewinnfeststellung der Besteuerungsgrundlagen stattfinden. Der Überschuss wird dann aufgrund der Ergebnisverteilungsabreden auf die Gesellschafter verteilt. So können die Einkünfte optimal zwischen Eltern und Kindern verschoben werden.

6.3.2 Renditeoptimierung

Die Renditeoptimierung ist der eigentliche Vermögensplanungsprozess. Grundlage für die Bildung einer geeigneten Strategie bildet hier die in der Analysephase erstellte Privatbilanz. Die Rendite- bzw. Risikooptimierung baut auf den Erkenntnissen der modernen Portfoliotheorie[135] auf. Für die Optimierung der Rendite/Risikostruktur des Gesamtvermögens spielt das Risiko einer einzelnen Anlage isoliert betrachtet nur eine untergeordnete Rolle. Es ist auch falsch anzunehmen dass die Summe der einzelnen Risiken das Gesamtrisiko ergibt. So gibt es starke und schwache Korrelationen zwischen verschiedenen Anlageformen, unterschiedlichen Regionen etc. So empfiehlt sich im Rahmen der Finanzplanung mindestens eine einfache Diversifikation durch Kombination von Anlagesegmenten vorzunehmen, so z.B. nach Anlageformen, Regionen, Währungen, Laufzeiten etc.[136]

Daneben kann zur Renditesteigerung auch eine Kostenoptimierungsstrategie verfolgt werden. Aus Kostensicht interessant sind Bundeswertpapiere, die bei entsprechendem Vorgehen kostenfrei erworben werden können. So werden bei einer Verwaltung des Depots bei der Bundesschuldenverwaltung die Depotkosten, die bei einem Kreditinstitut 1,00 bis 1,25 Promille vom Nennwert jährlich betragen, eingespart. Bei Investmentfonds schlagen vor allem der Ausgabeaufschlag, die

---

[134] vgl. Böckhoff / Stracke, a.a.O, S.268

[135] vgl. hierzu Kapitel II Punkt 6.2.2.3 Vermögensstruktur-Analyse

[136] vgl. Böckhoff / Stracke, a.a.O, S.281

Depotgebühr, die Verwaltungsgebühr als Kostenfaktoren zu Buche. Im Bereich Ausgabeaufschläge zahlen freie Finanzberater dem Kunden den Ausgabeaufschlag mitunter anteilig zurück. Bei den Depotgebühren verzichten einige Banken auf eine Gebühr. Es muss deshalb hier im Einzelfall eine Prüfung nach kostengünstigen Alternativen erfolgen. [137]

Außerdem kann durch Ausnutzung des sog. Leverage-Effekts die Rendite durch Aufnahme von Fremdkapital gesteigert werden. Dieser Effekt stammt aus der Finanzwirtschaft von Unternehmen und beschreibt dort die Abhängigkeit der Rentabilität des Eigenkapitals vom Anteil der Fremdfinanzierung. Dieses Konzept ist auch auf den Privathaushalt übertragbar.

Die Grundlage für die Optimierung liegt in der Privatbilanz. Die Passivseite der privaten Bilanz setzt sich aus Fremdkapital und Eigenkapital zusammen. Die Aufnahme von Fremdkapital ist für den Privathaushalt so lange von Vorteil, wie die Gesamtkapitalrendite größer ist als der Fremdkapitalzins. Bei der Berechnung der Fremdkapitalverzinsung ist der persönliche Steuersatz zu berücksichtigen. Je höher dabei der persönliche Steuersatz ist, desto niedriger wird der Fremdkapitalzins nach Steuern. Beispielsweise entspricht bei einem Steuersatz von 50% ein angenommener Darlehenszinsatz von 5 % p.a. vor Steuern lediglich 2,5% nach Steuern. Dieser Aspekt zeigt, dass tendenziell für vermögende Haushalte mit höherem Steuersatz der Leverage-Effekt stärker zum Tragen kommt.[138]

Trotz des Hebeleffekts mit seinen positiven Wirkungen auf die Gesamtkapitalrendite kann dieser sich auch zu einem finanziellen Risiko auswachsen. Das finanzielle Risiko besteht vor allem in einem Zinsänderungsrisiko. So können sich Fremdfinanzierungszinsätze ändern oder der Ertrag der Alternativinvestments ist Schwankungen unterworfen.[139] Dieses Risiko trifft besonders die weniger vermögenden Haushalte, die nicht in der Lage sind über Liquiditätspuffer die Schwankungen auszugleichen. Die Gestaltung von Steuersparmodellen mit Immobilien ist ein von Banken gerne empfohlenes Konstrukt, das oft aufgrund des Zinsrisikos nicht zum gewünschten Erfolg führt. Eine unabhängige Finanzplanung, die den privaten Haushalt als Ganzes betrachtet, kann helfen eine solide Entscheidungsgrundlage zu bilden und Fehlentscheidungen dieser Art vermeiden.[140]

---

[137] vgl. Farkass-Richling / Staab, a.a.O., S. 137

[138] vgl. Hochberger, Bernd, a.a.O., S.95

[139] vgl. Farkass-Richling / Staab, a.a.O., S. 137

[140] vgl. Hochberger, Bernd, a.a.O., S.96

6.3.3 Liquiditätsoptimierung

Die Liquiditätsoptimierung umfasst die Sicherstellung der jederzeitigen Zahlungsfähigkeit. Eine Zahlungs*unfähigkeit* hat für den Privathaushalt gravierende Folgen bis hin zur Privatinsolvenz. Deshalb ist die Liquiditätsoptimierung ein elementares Element der Privaten Finanzplanung.

Grundlage für die Liquiditätsoptimierung ist die Private Einnahmen und Ausgabenrechnung. Ist die jederzeitige Zahlungsfähigkeit gewährleistet, sollte der Finanzplaner prinzipiell so disponieren, dass die überschüssige Liquidität möglichst gering gehalten wird, da diese i.d.R. gering oder gar nicht verzinst wird. Für außerordentliche Ausgaben (z.B. Renovierungsmaßnahmen) sollten aber die erforderlichen Mittel zur Verfügung stehen.[141] Deshalb muss für solche Fälle eine Liquiditätsreserve gebildet werden. Diese besteht aus der Rückstellung von Mitteln die kurzfristig verfügbar sind. Die Anlage der Liquiditätsreserve kann in Termineinlagen, Depositenzertifikate (Certificates of Deposit), Sparbriefen, Tagesgeldkonten oder in Geldmarktfonds erfolgen.[142]

6.3.4 Risikomanagement

Analog zur Liquiditätsoptimierung befasst sich das Risikomanagement mit der Gewährleistung ausreichender Liquidität in Risikofällen.[143] Dies kann durch den Aufbau von Liquiditätsreserven geschehen oder durch den Abschluss von Versicherungen.

Es wird zunächst analysiert inwieweit die Absicherung durch bestehende Versicherungen ausreichend ist. Dieser Schritt kann in dieser Phase geschehen, aber auch schon im Rahmen der Risiko-Analyse (vgl. Kapitel 6.2.3.3). Es wird hierbei der Eintritt einzelner Risiken analysiert und der Einfluss auf mögliche finanzielle Belastungen des Privathaushalts geprüft. Zeigen sich hierbei eventuelle Deckungslücken des Versicherungsschutzes auf, so sind diese zu schließen.[144]

In einem zweiten Schritt wird ein Blick auf die bestehenden Absicherungen geworfen. Ansatzpunkte für eine Optimierung bestehender Versicherungen im Rahmen des Risikomanagement sind die versicherten Risiken, die Risikoausschlüsse und die Leistungseinschränkungen und –ausschlüsse. Das

[141] vgl. Böckhoff / Stracke, a.a.O., S.279

[142] vgl. Farkass-Richling / Staab, a.a.O., S. 114 f.

[143] vgl. Böckhoff / Stracke, a.a.O., S.280

[144] vgl. Farkass-Richling / Staab, a.a.O., S.163

versicherte Risiko kann zumeist aus den Allgemeinen Versicherungsbedingungen abgelesen werden und aus eventuellen Individualvereinbarungen. Die Risikoausschlüsse ergeben sich aus dem zum Versicherungsvertrag erteilten Versicherungsschein (Police). Letztlich wird auch der Preis geprüft, ob der Versicherungsschutz mit marktangemessenen Prämien erkauft wurde.[145] Der Finanzplaner versucht somit im Risikomanagement eventuelle Über- und Unterdeckungen zu beseitigen und einen marktkonformen Preis für den Versicherungsschutz zu finden.

6.4 Gutachtenerstellung

Die Ergebnisse der umfangreichen Analysen und Optimierungsvorschläge werden zu einem Bericht über die aktuelle Finanz-, Vermögens-, und Risikolage des Kunden zusammengefasst.

Das Gutachten enthält die ausführliche Darstellung der Ist-Situation des Privatkunden. Dies schließt seine persönlichen Daten und seine Ziele und Wünsche samt den gesetzten Prioritäten ein. Des Weiteren enthält das Gutachten die Soll-Struktur der Finanzen, wie sie sich auf Basis der Ziele und Wünsche sowie der Risiko- und Anlegermentalität des Kunden entwickeln würde. Außerdem werden im Gutachten eventuelle Vorschläge und Maßnahmen zur Optimierung dargestellt Die Maßnahmen können jede Finanzposition, welche in der Privatbilanz und in der Privaten Einnahmen/Ausgabenrechnung genannt sind, betreffen.

Im Anhang des Gutachtens werden Übersichten und Tabellen zusammengestellt.[146] Aus Gründen der Verständlichkeit ist generell von zu detaillierten rein textlichen Darstellungen abzuraten. Eine stark graphische Aufbereitung hat sich in der Praxis bewährt.

[145] vgl. Farkass-Richling / Staab, a.a.O., S.164

[146] vgl. Kloepfer, Jacob, a.a.O., S.40

6.5 Strategiegespräch

Die Ergebnisse der Analyse und der Maßnahmenplanung werden in der Privaten Finanzplanung im Rahmen eines Strategiegesprächs dem Kunden vorgestellt.[147] Im Kundengespräch sollte der Finanzplaner die Analysen, Ergebnisse und Handlungsempfehlungen so präsentieren, dass sich der Kunde in kurzer Zeit ein Bild über seine Finanzen machen kann.

Das Gelingen der Umsetzung der empfohlenen Strategie hängt mit der Präsentation der Ergebnisse zusammen. Nur wenn diese nachvollziehbar dargestellt werden, wird der Kunde bereit sein, vorgeschlagene Maßnahmen tatsächlich umzusetzen und vom Sinn und Erfolg der Privaten Finanzplanung überzeugt sein.

Das Strategiegespräch kann mit Hilfe von computergestützten Präsentationsmitteln oder anhand einer schriftlichen Ausarbeitung erfolgen. In beiden Fällen ist es wichtig, dass die Ergebnisse der Beratung in ansprechender, verständlicher Form vorgestellt werden. In der Praxis ist derzeit die schriftliche Ausarbeitung (Papierform) am Markt üblich. Der Umfang dieser Dokumentation kann zwischen zehn und mehreren hundert Seiten variieren.[148] Es ist auch eine Kombination von schriftlicher Ausarbeitung und elektronischer Präsentation denkbar. Die Ergebnisse werden dem Kunden am Computer vorgestellt, außerdem bekommt er zur späteren Verwendung noch eine schriftliche Ausarbeitung. Dies hat den Vorteil, dass eventuelle Szenarien am Computer dem Kunden vorgeführt werden können und ihm besser verdeutlicht wird, warum die vorgeschlagenen Maßnahmen die optimalen Lösungen für seine Situation darstellen.

Wichtig für die Präsentation der Ergebnisse ist eine nachvollziehbare Ausgangslage. Die Zahlen die der Kunde selbst vorgeben hat müssen deutlich erkennbar sein. Zum besseren Verständnis sollten die für die Vermögensstrukturierung relevanten Einflussfaktoren erläutert und offen gelegt werden.

---

[147] vgl. Kruschev, Wesselin, a.a.O.,S.94

[148] vgl. Kruschev, Wesselin, a.a.O.,S.94 f

6.6 Umsetzungsphase

Unter Beachtung der Neutralität der Beratung kann der Finanzplaner dem Kunden seine Unterstützung für die Umsetzung der empfohlenen Maßnahmen anbieten.[149] Aufgrund der detaillierten Ergebnisse des Gutachtens wird der Kunde grundsätzlich in die Lage versetzt die Umsetzung auch selbständig durchzuführen oder durch einen Dritten umsetzen zu lassen. Bei der Umsetzung der empfohlenen Maßnahmen durch Dritte kann der Finanzplaner in Absprache mit dem Kunden eine Überwachungsfunktion übernehmen.[150]

Die Praxiserfahrung zeigt aber, dass je präziser und exakter die Analyse erstellt ist, desto größer ist die Wahrscheinlichkeit, dass der Kunde die Umsetzung der Optimierungsvorschläge in den Händen des Finanzplaners belässt.[151] Falls der Finanzplaner in die Umsetzung der Finanzplanungsergebnisse einbezogen wird, kann dies die Abwicklung und Vermittlung betreffen. Fliessen dem Finanzplaner Provisionen zu, so hat dieser - im Sinne einer reinen Honorarberatung - dem Kunden ungefragt seine Einkünfte aufgeschlüsselt nach Herkunft und Höhe offen zu legen und ggf. an diesen weiterzuleiten.

Bei vertriebsorientierten Finanzplanungsangeboten ist das Ziel der Privaten Finanzplanung hingegen den Kunden letztlich zu einer Umsetzung im „eigenen Hause" zu bewegen. Die im Finanzplan festgestellten Ergebnisse und ausgesprochenen Empfehlungen werden in diesen Fällen an den vertrieblichen Absatzvorgaben ausgerichtet. Inwieweit hier eine neutraler und unabhängiger Finanzplan erstellt wird ist fraglich.[152] Der folgende Artikel aus der Financial Times Deutschland soll diesen Sachverhalt nochmals darstellen: [153]

„Die Commerzbank (...) bietet eine unabhängige Finanzanalyse gegen Honorar an. Letztlich fehlt aber auch bei diesen Angeboten die geforderte Unabhängigkeit. Der Kunde zahlt nicht nur für den Finanzplan, sondern noch einmal, wenn er die Analyse mit der Bank umsetzt. (...) Die Zentrale erteilt strikte Auflagen über Mindestverkäufe. (...) Für die Verkäufe erhält die Filiale ebenso wie unabhängige Finanzberater Provisionen. Entsprechend unterliegt der Finanzplaner in der Bank

---

[149] vgl. Kruschev, Wesselin, a.a.O.,S.104

[150] vgl. Farkass-Richling / Staab, a.a.O., S.202

[151] vgl. Kruschev, Wesselin, a.a.O.,S.105

[152] vgl. Farkass-Richling / Staab, a.a.O., S.202

[153] vgl. Riedl, Thorsten , Wanner, Claudia, Für Finanzberatung zahlt der Kunde oft doppelt, Financial Times Deutschland (Frankfurt), 11.01.2001

den gleichen Anreizen wie sein selbstständiger Kollege: Produkte anzubieten, die eine ordentliche Provision versprechen."

Es muss bei der Umsetzung natürlich auch beachtet werden, dass ein Finanzplan Empfehlungen enthalten kann, die nicht sofort, sondern erst kurz- oder mittelfristig umgesetzt werden. Deshalb sollte eine fortlaufende Betreuung auch dann stattfinden, wenn der Kunde die Umsetzung durch einen Dritten durchführt.

6.7 Periodische Kontrolle

Ein wichtiger Punkt ist die ständige Aktualisierung des erstellten Gutachtens. Die gefundenen Lösungen und empfohlenen Maßnahmen können schnell überholt sein, wenn sich die Kundenziele ändern oder sich etwa Änderungen in der Steuergesetzgebung ergeben.[154] Eine überraschende berufliche Veränderung (z.B. unerwarterter Karrieresprung), ein persönlicher Wandel (z.B. Geburt eines Kindes) sind weitere Beispiele die eine Aktualisierung des Finanzplans notwendig machen.[155]

Hier erfolgt eine periodische Kontrolle der Analysen und Planungen, welche eine mögliche Anpassung bestehender Empfehlungen und ggf. die Entwicklung neuer Ratschläge beinhalten kann.[156] Die Überprüfung sollte in nicht zu langen, aber auch nicht in zu kurzen Intervallen wiederholt werden. Die Untergrenze beträgt in der Regel ein Jahr, die Obergrenze drei bis fünf Jahre. Dies ist von der Person des Mandanten abhängig und seiner Stufe innerhalb des Lebensphasenzyklus[157] sowie vom Planungshorizont des Finanzplans (kurz-, mittel- oder langfristig).[158] Der Erfolg einer Privaten Finanzplanung hängt sehr von der periodischen Kontrolle ab. Eine regelmäßige Überprüfung verhilft zur optimalen Erreichung der gesetzten Ziele und Wünsche.

[154] vgl. Farkass-Richling / Staab, a.a.O., S.202

[155] vgl. Kloepfer, Jacob, a.a.O., S.45

[156] vgl. Kruschev, Wesselin, a.a.O.,S.105

[157] Das Wesen des Lebenszykluskonzeptes wurde bereits in Kapitel II Punkt 6.2.2.3 erläutert.

[158] vgl. Böckhoff, Michael , Stracke, Guido, a.a.O, S.354

7. Haftung und Rechtsrahmen

Im Jahr 2003 wurden 20 000 Prozesse mit einem Gesamtstreitwert von 600 Millionen Euro gegen Finanzberater geführt. 250 Millionen Euro mussten Vermittler im letzten Jahr an ihre Kunden zurückzahlen.[159] Die fehlerhafte Beratung in finanziellen Angelegenheiten kann für den Kunden schwerwiegende Folgen bis hin zum wirtschaftlichen Ruin haben Mangelhafte Finanzberatung begründet daher Haftungsansprüche wie z.B. die Pflicht zu Schadensersatz des Finanzberaters.[160] Es ist deshalb für den Anbieter der Finanzplanung wichtig sich eingehend mit Haftungsfragen zu beschäftigen.

7.1 Haftung bei Vermittlung und Beratung

Für die haftungsrechtliche Beurteilung von Finanzdienstleistungen ist entscheidend, Begriffe zu klären mit denen im Allgemeinen sehr frei umgegangen wird.[161] Bei der Haftung ist zwischen der Haftung eines Provisionsvermittlers und der Haftung eines Honorarberaters zu unterscheiden. Der Provisionsvermittler wird für den erfolgreichen Verkauf prozentual am Produktpreis in Form einer Provision beteiligt. Der Honorarberater hingegen berät individuell über Formen und Risiken einzelner Kapitalanlagen und wird unmittelbar vom Mandanten bezahlt. [162]

Im Falle einer Provisionsvermittlung kann der Anleger regelmäßig nur Auskünfte erwarten, wobei der werbende und anpreisende Charakter im Vordergrund steht.[163] Bei Verkaufsgesprächen von Anlageberatern wird von der Rechtssprechung daher lediglich ein Auskunftsvertrag angenommen.[164] Ein Auskunftsvertrag mit Haftungsfolgen entsteht dabei nicht nur schriftlich. Schon der Fall, das ein Anleger sich an einen Finanzdienstleister wendet, kann eine haftungsbegründende Basis schaffen. In der Rechtssprechung wird dies als „stillschweigender abgeschlossener Auskunftsvertrag" bezeichnet.[165]

Unabhängig von der Form des Auskunftsvertrags (schriftlich oder mündlich) ist der Provisionsvermittler zur richtigen und vollständigen Auskunftserteilung verpflichtet,

---

[159] vgl Rolfsmeier, Manfred , Bei nachweislicher Falschberatung kann Anleger Geld zurückverlangen, München (Münchner Merkur) 5.April 2004, S.22

[160] vgl. Böckhoff / Stracke, a.a.O., S.58

[161] vgl. Böckhoff / Stracke, a.a.O., S.58 und Kapitel I Punkt 3

[162] vgl. Farkass-Richling / Staab, a.a.O., S. 279

[163] vgl. Farkass-Richling / Staab, a.a.O., S. 279

[164] vgl. Farkass-Richling / Staab, a.a.O., S. 279

[165] vgl. Böckhoff / Stracke, a.a.O. , S. 60

nicht aber zu einer individuellen Beratung.[166] Der Vermittler muss allerdings im Gegensatz zum Berater die vorgeschlagenen Anlagen nicht bewerten und beurteilen. Einem Anlagevermittler steht der Kunde im Allgemeinen selbstständiger als dem Berater gegenüber, da er bemerken wird, dass dieser „verkaufen“ will.[167]

Einen Honorarberater treffen weitergehende Verpflichtungen. Im Gegensatz zur Provisionsvermittlung auf Basis eines Auskunftsvertrags, findet bei einem Honorarberater eine auf die persönlichen Verhältnisse zugeschnitte Beratung statt. Die rechtliche Grundlage ist ein Beratungsvertrag.[168] Der Honorarberater muss eine eigenständige Bewertung und Beurteilung der Kapitalanlage unter Berücksichtigung der Anlageziele und der finanziellen Verhältnisse des Anlegers vornehmen.

Der Berater ist verpflichtet eine anlegergerechte und objektgerechte Beratung durchzuführen. Eine anlegergerechte Beratung bedeutet, dass der Wissenstand des Kunden über Anlagegeschäfte der vorgesehenen Art und die Risikobereitschaft des Kunden in der Beratung zu berücksichtigen sind. Eine objektgerechte Beratung bedeutet, dass das empfohlene Anlageobjekt den anlegergerechten Kriterien Rechnung tragen muss.[169]

7.2 Haftung im Financial Planning

Basierend auf der Unterscheidung zwischen Vermittlung und Beratung, stellt sich die Frage welche Haftungsmaßstäbe für den Financial Planner gelten.

Wie im Kapitel II Punkt 3 schon dargestellt, kann man davon ausgehen, dass Financial Planning generell eher als Beratung und nicht als Vermittlung zu qualifizieren ist. In der Finanzplanung geht es um die Überprüfung und Optimierung der Struktur des Vermögens und der Finanzen (Strukturberatung). Das Ergebnis einer privaten Finanzplanung muss dabei nicht unbedingt ein Anlagevorschlag sein, denn als Maßnahme kann durchaus die ersatzlose Trennung von einer Anlage empfohlen werden.[170]

In der Finanzplanung werden Empfehlungen zum Einstieg in bestimmte Produktlinien gegeben, aber in der Regel keine Empfehlungen zum Kauf einzelner Produkte. Sollten in einem Finanzplan dennoch konkrete Produktempfehlungen

---

[166] vgl. Farkass-Richling / Staab, a.a.O., S. 279

[167] vgl. Böckhoff / Stracke, a.a.O. , S. 60

[168] vgl. Farkass-Richling / Staab, a.a.O., S. 279

[169] vgl. Farkass-Richling / Staab, a.a.O., S. 279

[170] vgl. Kruschev, Wesselin, a.a.O., S.24

ausgesprochen werden, fallen die Verantwortlichkeiten des Beraters und des Vermittlers zusammen.[171]

Im Rahmen der Finanzplanung muss der Finanzplaner eine eigenständige Bewertung empfohlener Maßnahmen vor dem Hintergrund der finanziellen Situation und Ziele des Kunden vornehmen. Es ist für die Finanzplanung kennzeichnend, dass alle Empfehlungen aufgrund der detailliert erhobenen Kundendaten getroffenen werden.[172] Solange ein Finanzplaner also Empfehlungen nicht mit konkreten Anlagevorschlägen begleitet sind Haftungsprobleme wenig wahrscheinlich.[173] Dennoch muss der Finanzplaner den Kunden über mögliche Risiken, die sich bei der Verfolgung der empfohlenen Strategien ergeben können hinweisen. Insbesondere sind dies Risiken die aufgrund der Ungewissheit über zukünftige Entwicklungen resultieren. Dies können beispielsweise Inflationsrisiko, Währungsrisiko, Kursrisiko, Steuerrisiko, Liquiditätsrisiko, Zinsänderungsrisiko sein.[174]

Im Finanzplan können diese Risiken durch Darstellung verschiedener Szenarien dargestellt werden. Es werden die Alternativen Entwicklungen im Rahmen von einzelnen Szenarien separat betrachtet. Ob der Finanzplaner aus den Anlegerzielen und dessen finanzieller und persönlicher Situation die richtigen Empfehlungen abgeleitet hat ist durch den Finanzplan überprüfbar. Dies gilt auch noch Jahre nach Erstellung des Finanzplans, da dieser die Planungsprämissen in schriftlicher Form festhält. Die Haftung im Financial Planning ist von der Ausprägung abhängig. Im Falle der Erbringung in Form einer Honorarberatung müssen die Grenzen der Haftung somit enger gefasst werden.

In der Praxis sind bislang keine Urteile zur Tätigkeit eines Finanzplaners ergangen.[175] Dies zeigt auch den innovativen Charakter des Financial Planning. Deshalb sollte der Finanzplaner für seine Tätigkeiten die bislang üblichen Möglichkeiten der Haftungsbegrenzung vorsorgend treffen.

---

[171] vgl. Böckhoff / Stracke, a.a.O , S. 64 ff.

[172] vgl. Böckhoff / Stracke, a.a.O , S. 64 ff.

[173] vgl. Kruschev, Wesselin, a.a.O., S.24

[174] vgl. Farkass-Richling / Staab, a.a.O., S. 97

[175] vgl. Farkass-Richling / Staab, a.a.O., S. 97

7.3 Möglichkeiten der Haftungsbegrenzung

Als Beweismittel im Streitfall kann für den Berater ein Beratungsprotokoll dienen. Daneben gewinnt das Beratungsprotokoll durch die neuen EU-Richtlinien[176] eine noch größere Bedeutung. Diese legen den Vermittlern wesentlich umfangreichere Pflichten auf, obwohl im Prinzip die Maklerhaftung in der bisherigen Form bestehen bleibt. Im Besonderen betreffen die Regelungen die Protokollierungspflichten bei der Kundenberatung. So muss etwa das Beratungsprotokoll nicht nur die Anforderungen und die Bedürfnisse des Anlegers berücksichtigen, sondern darüber hinaus die schriftliche Begründung für jeden einzelnen dem Anleger erteilten Rat enthalten.[177]

Ein schriftlich fixierter Finanzplan kann die Funktion eines Beratungsprotokoll übernehmen, wenn er wesentliche Angaben über den Kunden, dessen Ziele, Risikobereitschaft und Anlageerfahrung sowie die empfohlenen Maßnahmen und die dem Kunden erläuterte Risiken enthält.[178]

Dem Finanzplaner, der neben der Erstellung des Finanzplans auch die Umsetzung durch gezielte Produktauswahl und -vermittlung übernimmt, ist zu raten mindestens ein standardisiertes Beratungsprotokoll zu erstellen. Empfehlenswerter ist nach jeder Sitzung mit dem Kunden ein Protokoll anzufertigen und dies vom Kunden unterschreiben zu lassen.[179]

Es gibt bisher keine gesetzliche Verpflichtung, ein Beratungsprotokoll vom Kunden mit seiner Unterschrift bestätigen zu lassen. Im Streitfall kommt allerdings einem unterschriebenen Protokoll höhere Beweißkraft zu.[180] Neben der Funktion als Beweismittel, erfüllt das Beratungsprotokoll den Zweck dem Kunden zu dokumentieren, weshalb man sich für diese und gegen eine andere Anlageform entschieden hat.[181] Ein Muster eines Beratungsprotokolls zeigt Anlage 1. (S. 110)

[176] Die Europäische Kommission hat am 11. Mai 1999 einen Aktionsplan vorgelegt, der bis 2005 spezielle Maßnahmen zur Verbesserung des Binnenmarktes für Finanzdienstleistungen enthält. Die in der Richtlinie enthaltenden Vorschriften müssen bis spätestens Anfang 2005 in deutsches Recht umgesetzt werden. In der neuen EU-Richtlinie erfolgt die Umsetzung durch Auflage einer Protokollpflicht, Informationspflicht vor Vertragsabschluss und Aufzeichnungspflicht der Beratungsergebnisse. Konkret spricht man von spartenspezifischen Informationspflichten vor Vertragsabschluss.

[177] vgl. poolnews – Das Magazin von maxPool und Jung, DMS & Cie, 02/04, 1. Jhg., S.47

[178] vgl. Böckhoff / Stracke, a.a.O , S. 67

[179] vgl. Farkass-Richling / Staab, a.a.O., S. 285

[180] vgl. Böckhoff / Stracke, a.a.O , S. 67

[181] vgl. Farkass-Richling / Staab, a.a.O., S. 285

Eine Beschränkung der persönlichen (finanziellen) Haftung des Finanzplaners kann auch durch eine Vermögensschadenshaftpflichtversicherung geschehen. Die Vermögensschadenshaftpflicht deckt die unmittelbaren Vermögensschäden einer falschen Finanzberatung und Finanzplanung ab.

Es besteht die Möglichkeit den Deckungsschutz auch auf solche Risiken zu erstrecken, die bereits vor Abschluss des Versicherungsvertrages verursacht worden sind. Bei dieser Rückwärtsversicherung sind allerdings solche Vorstöße die dem Finanzplaner als Versicherungsnehmer bereits vor Abschluss des Vertrages bekannt waren ausgenommen. Angesichts der gesetzlichen Verjährungsfrist von drei Jahren erscheint eine Ausdehnung der Rückwärtsversicherung über diesen Zeitraum hinaus in den wenigsten Fällen für sinnvoll.[182]

Besondere Aufmerksamkeit ist dem Verhalten im Schadensfall zu widmen. Der Finanzplaner muss der Versicherung den Schadensfall anzeigen. Er kann jedoch ohne Zustimmung der Versicherung einen Schadensfall weder ganz noch teilweise anerkennen oder gar Zahlung leisten. Durch ein solches Verhalten gefährdet der Finanzplaner seinen Versicherungsschutz.[183]

Eine Verpflichtung zum Abschluss einer Haftpflichtversicherung ist bislang gesetzlich in Deutschland noch nicht vorgeschrieben. Dies wird sich aber im Bereich der Versicherungsvermittlung ändern. Sofern sich ein Finanzplaner auch mit der Umsetzung im Bereich der Risikovorsorge[184] betätigt, könnten die Änderungen auch den Finanzplaner betreffen.

Die Tätigkeit der Versicherungsvermittlung konnte in Deutschland bisher von jeder Person ohne jegliche Vorkenntnisse ausgeübt werden. Die einzige Auflage war eine Gewerbeanmeldung. Das aktuelle Diskussionspapier des Bundesministeriums für Wirtschaft und Arbeit vom 1. März 2004 gibt vor, dass das Gewerbe der Versicherungsvermittlung erlaubnispflichtig wird. Einige Punkte der Richtlinie werden bei der Umsetzung in deutsches Recht wohl noch modifiziert. In Sachen Haftpflicht gibt es bereits eine klare Vorgabe. Alle (Versicherungs)Vermittler müssen bis zum 15. Januar 2005 eine Vermögensschadenhaftpflichtversicherung mit einer Deckungssumme von mindestens 1 Mio. Euro je Schadensfall und 1,5 Mio. Euro per anno Gesamtleistung nachweisen.[185]

---

[182] vgl. Farkass-Richling / Staab, a.a.O., S. 286

[183] vgl. Farkass-Richling / Staab, a.a.O., S. 287

[184] Auf die Problematik einer Versicherungsberatung auf Honorarbasis im Rahmen der Finanzplanung wird im folgenden Kapitel näher eingegangen.

[185] vgl. https://ssl.askuma.de/home/contentserver.asp?Seite=News25Kap3

7.4 Rechtsrahmen des Financial Planning

Die Private Finanzplanung ist eine fachübergreifende Disziplin, welche unter anderem die Beratung in Versicherungs-, Bank-, Steuer-, Renten-, und Rechtsangelegenheiten umfasst. Aufgrund des umfassenden Charakters stößt sie dabei an rechtliche Grenzen, die der Gesetzgeber in diversen Gesetzen formulierte.[186]

Nach dem Rechtberatungsgesetz (Artikel 1 § 5 Ziffer1 RBerG) dürfen *„kaufmännische oder sonstige gewerbliche Unternehmer für ihre Kunden rechtliche Angelegenheiten erledigen, die mit einem Geschäft ihres Gewerbebetriebs in unmittelbarem Zusammenhang "* stehen.

Der Finanzplaner darf also nur die in unmittelbaren Zusammenhang stehenden Rechtsangelegenheiten wahrnehmen. Da der Finanzplaner den Kunden umfassend und ganzheitlich in seinen finanziellen Angelegenheiten berät, darf er die damit in Zusammenhang stehenden Rechtsangelegenheiten grundsätzlich wahrnehmen.[187]

Man kann hier davon ausgehen, dass die Aufklärung über rechtliche Sachverhalte (z.B. steuerrechtliche Regelungen) regelmäßig in der Gewichtung deutlich hinter die wirtschaftsberatende Tätigkeit zurücktritt. Insofern kann man von einem "notwendigen Hilfsgeschäft" sprechen, wenn das Ziel und der Beratungsschwerpunkt der Finanzplanung die Optimierung wirtschaftlicher Sachverhalte ist. Würde man dem Finanzplaner untersagen, innerhalb seiner Tätigkeit zu rechtlichen und steuerlichen Sachverhalten Stellung zu nehmen und Möglichkeiten darzustellen, wie vorhandene Gestaltungen im Sinne der Kunden verbessert werden können, würde damit die Wirtschafts- und Finanzberatung für Nichtjuristen und Nichtsteuerberater unmöglich gemacht. Wo die Grenzen zwischen einem notwendigen Hilfsgeschäft und einer eigenständigen Hauptaufgabe liegen, ist sicherlich in der Praxis schwer zu beurteilen. [188]

Eine Abgrenzung zwischen „notwendigen Hilfsgeschäft" und „eigenständige Hauptaufgabe" ist vor allem im Versicherungsbereich wichtig. Bei einem Versicherungs*vermittler* ist die Ausübung seines Gewerbes ohne eine Beratung nicht möglich ist. Hier ist ein unmittelbarer Zusammenhang zwischen Beratung und Vermittlung gegeben. Die Beratung ist hier ein „notwendiges Hilfsgeschäft".

---

[186] vgl. Farkass-Richling / Staab, a.a.O., S. 265

[187] vgl. Farkass-Richling / Staab, a.a.O., S. 266

[188] vgl. Böckhoff / Stracke a.a.O, S. 57

Anders verhält sich dies bei einem Versicherungs*berater* der gegen Honorar berät. Hier ist die Beratung nicht nur „notwendiges Hilfsgeschäft", sondern „eigenständige Hauptaufgabe". Der Versicherungsberater benötigt somit für seine Tätigkeit eine Erlaubnis.[189] Die Erlaubnis muss beim zuständigen Landgerichtspräsidenten beantragt werden. Der Titel „Versicherungsberater" ist zudem gesetzlich geschützt.[190]

Der Finanzplaner kann also nicht - soweit dieser gegen Honorar berät und kein gesetzlich zugelassener Versicherungsberater ist - eine eigenständige Versicherungsberatung anbieten. Im Rahmen der Erstellung des Finanzplans wird die Versicherungsanalyse ein „notwendiges Hilfsgeschäft", denn eine umfassende und ganzheitliche Finanz- und Vermögensanalyse erfordert den Einbezug der Risikovorsorge des Kunden.

In der Praxis sind bislang wie schon erwähnt keine Urteile zur Tätigkeit des Finanzplaners ergangen. Dementsprechend besteht die Gefahr, dass die Gerichte einzelne Tätigkeiten z.B. die Vermögensnachfolgeplanung des Finanzplaners oder die Versicherungsberatung mit dem Rechtsberatungsgesetz für unvereinbar halten.[191] Neben einer möglichen gesetzlichen Notwendigkeit, ist auch im Interesse einer kundenorintierten qualifizierten Beratung zu raten, dass der Finanzplaner mit Steuerberatern und Rechtsanwälten kooperiert.

---

[189] Die Ausnahmeregelung nach Art.1 § 5 Ziffer1 RBerG gilt für ihn nicht.

[190] vgl. Böckhoff / Stracke, a.a.O, S. 57

[191] vgl. Farkass-Richling / Staab, a.a.O., S. 266

8. Modelle zur Preisgestaltung

Ein sehr kontrovers diskutiertes Thema im Kreis der Finanzplaner ist die Preisgestaltung der Finanzplanung. Eine Sichtweise ist, dass für einen Finanzplan keine Honorarrechnung gestellt werden darf, weil bereits an den Provisionen verdient wird. Ein anderer Standpunkt ist im Interesse des Kunden auf Provisionen ganz zu verzichten und dafür ein ordentliches Honorar vom Kunden zu verlangen.[192]

Auch deshalb ist das Preisthema in der Akquisition ein sehr sensibles Thema. Dass eine hochwertige Beratung nicht umsonst zu haben ist, wird in der Regel vom Kunden eingesehen. Sehr hinderlich bei der Preisargumentation sind kostenlose Beratungsangebote einiger Marktteilnehmer, die auch unter der Bezeichnung „Finanzplanung" angeboten werden.

Eine Vermarktung über den Preis hilft sicherlich kurzfristig Volumen zu akquirieren, kann langfristig aber keine Qualität schaffen. Das Führen einer Preisdiskussion seitens des Kunden zeigt aber, dass er den Nutzen der Finanzplanung für sich noch nicht erkannt hat. Deshalb muss der Berater den Vorteil für den Kunden überzeugend darstellen. Ganz deutlich sollte auch das Wesen der Finanzplanung als Beratungsdienstleistung herausgestellt werden, die im Erbringen von Werten besteht, die für den Kunden von großem Vorteil sind.[193]

Grundsätzlich sind verschiedene Vergütungsmodelle denkbar. Die Abgrenzung kann sinnvollerweise anhand der Leistungsarten des Finanzplaners erfolgen. Es ist zu unterscheiden zwischen Financial Plannern die ausschließlich beratend tätig sind und solchen die zusätzlich Finanzprodukte vermitteln oder verkaufen.[194] Es können folgende Vergütungsformen in der Privaten Finanzplanung unterschieden werden:[195]

- Reine Honorarvergütung
- Reine Provisionsvergütung
- Kombination von Honorar und Provision

---

[192] vgl. Kähny, Falk, Praxisorientierte Erfolgsfaktoren bei der Einführung von Financial Planning, Banking and Information Technology , 01/03, S. 58

[193] vgl. Kruschev, Wesselin, a.a.O., S.76

[194] vgl. Hochberger, Bernd, a.a.O., S.183

[195] vgl. Kruschev, Wesselin, a.a.O., S.139

8.1 Reine Honorarberatung

Finanzplaner, die lediglich beraten und keine Produkte verkaufen, erhalten nur Beratungshonorare direkt vom Nutzer der Dienstleistung. Financial Planner mit solchen Vergütungsmodellen werden in den USA auch als „Fee–Only"-Planner bezeichnet.[196]

Der Finanzplaner versteht sich als freier Beruf und erhält keinerlei Vergütung bzw. Provision von Produktgesellschaften. Er handelt somit finanziell- sowie interessenunabhänigig von Produktanbietern wie Banken, Versicherungen und Investmentgesellschaften. Sollte er eine Provision erhalten, so leitet er sie in der reinen Form der Honorarberatung in voller Höhe an den Mandanten weiter. Diese Form erfüllt als einzige Vergütungsform der Finanzberatung den Grundsatz der Unabhängigkeit des Beraters.[197] Durch das Beratungshonorar besteht die Möglichkeit das Prinzipal-Agent-Problem (vgl. Kapitel II Punkt 2) zwischen Kunde und Berater zu beseitigen oder zumindest zu mildern.[198] Beim Risikomanagement kann die Beratung auf Honorar nur in einem gewissen Rahmen stattfinden. Hier ist die Honorarberatung durch das Rechtsberatungsgesetz wie im vorangegangenen Kapitel schon erwähnt eingeschränkt. Die Weitergabe von Provisionen ist bei der Versicherungsberatung durch das Gesetz verboten.[199]

Ein weiterer wichtiger Punkt ist die Kalkulation der Höhe des Preises für die Beratungsdienstleistung. Die Honorarhöhe kann auf Basis unterschiedlicher Grundlagen bestimmt werden:[200]

- nach Zeitaufwand
- nach Vermögensgröße insgesamt oder bestimmter Teile davon
- Pauschalpreise

---

[196] vgl. Hochberger, Bernd, a.a.O., S. 183

[197] vgl. Richter, Jörg, Honorarberatung , Hannover (ebs Finanzkontakte) 2001, S. 58

[198] vgl. Hochberger, Bernd, a.a.O., S. 197

[199] vgl. http://www.iqf.info/id_menue+123-seite+1.html

nach Zeitaufwand

Die Höhe der Gesamtvergütung richtet sich nach dem für die Beratung notwendigen Zeitaufwand. Das Problem für den Berater besteht darin, dass dieser vor der Beratung den zeitlichen Aufwand nur grob schätzen kann. Durch komplizierte Analysen, die eine besonders intensive Betrachtung der Vermögenssituation erfordern oder durch spezielle Sonderausarbeitungen kann die Gesamtvergütung schnell sehr hoch werden. Der Finanzplaner kann einen solchen Mehraufwand meistens erst im Laufe der Beratung erkennen.

Spitzenberater berechnen - ähnlich wie Top-Anwälte - Honorare über 500 Euro je Tätigkeitsstunde. Übliche Honorare liegen zwischen 150 Euro und 200 Euro.[201] Für den Kunden besteht das Problem darin, dass er mit keinem fixen Betrag kalkulieren kann. Manche Anbieter sind deshalb dazu übergegangen einen Stundensatz anzugeben, aber auch gleichzeitig eine maximale Honorarhöhe festzulegen. Für eventuelle Sonderanalysen bleibt dem Berater hier aber nur wenig Spielraum.

nach Vermögensgröße insgesamt oder bestimmter Teile davon

Zeitaufwandsunabhängige Preismodelle werden als fester Prozent- oder Promillesatz bemessen an der Vermögenshöhe festgelegt und beinhalten oft eine feste Mindestvergütung. Der feste Satz wird auf das Gesamtvermögen das in der Finanzplanung analysiert wird oder auf den liquiden Teil davon angewendet. Eine Mindestvergütung dient dem Dienstleister als „Absicherung" bei kleineren Vermögen. Die Eignung solcher Preismodelle für die private Finanzplanung ist fraglich, da sie dem Wesen der bedarfsorientierten Beratung nicht entsprechen. Bei festen Prozentsätzen bezahlt der Kunde dafür, dass er großes Vermögen hat und nicht dafür, dass er einen großen Beratungsbedarf hat. Andererseits ist hier die Vergütungshöhe aus Anbietersicht leicht zu berechnen und aus Kundensicht kann mit einem festen Betrag gerechnet werden.

Pauschalpreise

Das Festpreishonorar ist die einfachste Form der Honorierung.[202] Inwieweit der Berater den Aufwand in einem Festpreis schon von vornherein kalkulieren kann ist jedoch fraglich.

---

200 vgl. Kruschev, Wesselin, a.a.O., S. 140

201 vgl. http://www.iqf.info/id_menue+123-seite+1.html

202 vgl. Kähny, Falk, a.a.O., S. 58

8.1.1 Nutzen der Honorarberatung

Die Honorarberatung impliziert eine Reihe von Vorteilen für den Kunden sowie für den Berater. Als honorarvergüteter Berater kann dieser Produktverkaufsinteressen völlig in den Hintergrund stellen - als provisionsabhängiger Produktauswahlberater stehen die eigenen Einkommensinteressen des Beraters u.U. im Konflikt mit den Interessen des Kunden.[203]

Nur durch ein Honorar wird es dem Finanzberater möglich objektiv und neutral zu beraten und die ideale bedarfsorientierte Lösung zu suchen. Oftmals könnte die beste Lösung aus Produkten bestehen, die keine oder geringe Provisionen beinhalten. Bei einer reinen Honorarberatung kann ein Berater also auch provisionsneutrale Produkte anbieten. Er wird nicht verleitet Produkte zu verkaufen, die *ihm* zwar den größten Deckungsbeitrag bringen, aber nicht im Sinne des Kunden bedarfsgerecht und passend sind. Der Vorteil für den Kunden besteht somit darin, dass er einen neutralen Rat erhält.[204] Der Kunde bezahlt somit für die Beratung und nicht für ein Produkt.

Ein weiterer Vorteil dieser Vergütungsform ist, dass der Honorarberater in die Lage versetzt wird, die wirklich besten Produkte am Markt auszuwählen. Dem Kunden und dem Berater steht die komplette Auswahl des Finanzmarktes zur Verfügung. Es existiert keine Einschränkung in der Produktpalette.[205] Eine solche Beratung kann auch den Rat beinhalten „nichts zu tun“ und alles so zu lassen wie es ist. Gerade dieses „Abraten“ im Gegensatz zum permanent notwendigen „Zuraten“ im Produktverkauf, ist für den Kunden ein erheblicher Vorteil.[206]

Die Honorarberatung bietet auch die Möglichkeit einer größeren Bandbreite an Beratungsthemen. Der Kunde zahlt in diesem System immer nur für die Beratung, die er erhalten hat und letztlich gegenüber hohen versteckten Provisionen einen fairen Preis.[207]

Die Honorarvergütung verspricht daneben nach der derzeitigen Gesetzgebung auch einen Steuervorteil. Das Honorar ist im Rahmen der Einkommenssteuererklärung als Werbungskosten absetzbar.

---

[203] vgl. Böckhoff / Stracke, a.a.O., S. 48

[204] vgl. Krauss, Peter J. (Hrsg.), Heinneccius, Jens, Financial Planning im Private Banking S.120

[205] vgl. Krauss, Peter J. (Hrsg.), Heinneccius, Jens, a.a.O., S.120

[206] vgl. http://verbraucherschutz.wtal.de/verkaeufer-oder-berater.htm

[207] vgl. Krauss, Peter J. (Hrsg.), Heinneccius, Jens, a.a.O., S.119

8.1.2 Schwächen der Honorarberatung

Die Schwächen der Honorarberatung liegen nicht in ihrem Prinzip, sondern in der mangelnden Akzeptanz. Die Bereitschaft ein Honorar in Finanz- und Vermögensfragen zu bezahlen ist in Deutschland noch sehr gering.

Das direkte Bezahlen für Beratung in Form von Honoraren ist ein neues, ungewohntes Thema für den Kunden und das „Bezahlen" für sich stellt für den Kunden noch keinen besonderen Nutzen dar. Die Logik und Vorteilhaftigkeit ist erklärungsbedürftig und muss deshalb dem Mandanten persönlich erläutert werden. Dabei besteht die Schwierigkeit darin, das gelernte Verhalten des Kunden, dass eine Beratung kostenlos ist zu ändern und den Nutzen einer Honorarberatung aufzuzeigen.[208]

Der Finanzplaner muss versuchen mit nachvollziehbaren Argumenten den Kunden zu überzeugen, dass er für eine bislang kostenlos erhältliche Dienstleistung nun bezahlen soll. Der Mandant muss also zu einem Honorar hingeführt werden. Der Berater sollte Provisionen offen legen, z.B. die Höhe der Zillmerung bei Kapitallebensversicherungen, was bei den Kunden im Nachhinein zu Unverständnis führen könnte.[209] Die Aushändigung eines kurzen Informationsblattes über die Vorteile der Honorarberatung - schon in der Akquisationsphase - kann dem Berater hierbei helfen mögliche Widerstände gegen das Honorar beim Kunden zu überwinden.

Insgesamt ist eine reine Honorarberatung als die für den Kunden vorteilhafteste Variante einzustufen. Da solche Angebote bei Finanzdienstleistern Gewinne erwirtschaften sollen und eine Quersubventionierung nicht möglich ist, muss der Nachfrager konsequenterweise höhere Beratungshonorare in Kauf nehmen. Private Haushalte, die preissensibler sind, dem Finanzplaner vertrauen oder denen Objektivität nicht derart wichtig ist, werden sich auch an provisionsvergütete Finanzplaner wenden.[210]

---

[208] vgl. Krauss, Peter J. (Hrsg.) , Heinneccius, Jens, a.a.O., S.120

[209] vgl. Hochberger, Bernd, a.a.O. S. 197.

[210] vgl. Hochberger, Bernd, a.a.O., S. 184 f.

8.2 Reine Provisionsvergütung

Einige Finanzplaner verlangen keine Honorare für die persönliche Analyse der finanziellen Situation. Fraglich ist, inwieweit bei diesen Analysen es sich um eine neutrale Finanzplanung handelt.

Auf jeden Fall ist der Anbieter bei dieser Beratung wirtschaftlich auf die Umsetzung der Empfehlungen mit Produkten aus dem eigenen Angebot angewiesen. Der Berater kann nur begrenzte Zeit investieren. Dort dauert die Beratung in der Regel nur wenige Stunden. Danach muss sich der Kunde entscheiden, ob er die Vorschläge akzeptiert oder nicht. Die Individualität der Beratung wird bei einer provisionsabhängigen Vermittlung eingeschränkt. Die Praxis hat gezeigt, dass „kostenlose" Analysen in Deutschland sehr standardisiert und verkaufsorientiert stattfinden. Eine qualitative Beurteilung der spezifischen Kundensituation findet nicht statt. Der Kunde sollte bei dieser Art der Vergütung die möglichen Interessenkonflikte des „Beraters" sehr genau hinterfragen.[211]

Ein Beispiel soll den Konflikt des Beraters bei einer reinen Provisionsvergütung verdeutlichen:

„ Der Versicherer A zahlt dem Makler für eine "Modell-Police" 500 Euro Provision. Versicherer B zahlt für eine "Modell-Police" 2.000 Euro. Der Makler hat ein eigenes finanzielles Interesse beim Verkauf. Wenn die Police mit 2.000 Euro Provision die für den Kunden beste sein sollte, wäre dem Mandanten und dem Kunden bestens gedient. Wenn die Police mit 500 Euro Provision die für den Kunden beste sein sollte, kommt der Makler in einen echten Interessen-Konflikt. Ihm entgehen auf einen Schlag 1.500 Euro. Passiert das dem Makler nur zweimal im Monat, müsste er auf 3.000 Euro verzichten - mehr als ein Monatsgehalt eines Durchschnitts-Verdieners." [212]

---

[211] vgl. Kruschev, Wesselin, a.a.O., S. 141

[212] http://verbraucherschutz.wtal.de/verkaeufer-oder-berater.htm

8.3 Kombination von Honorar und Provision

Diese Vergütungsform ist nach Meinung von Kruschev[213] für selbständige Finanzplaner besonders geeignet. Man kann im Bereich der Vergütung durch Kombination von Honorar und Provision zwei Unterformen unterscheiden.

- Honorar und Provision werden zusätzlich eingenommen
- Honorar und Provisionserstattung bis zur Höhe des Honorars

Honorar und zusätzlich Provision

Für die Erstellung der Analyse der finanziellen Situation und für die Empfehlungen zur Optimierung der einzelnen Anlageformen oder der gesamten Vermögensstruktur wird mit dem Auftraggeber ein Honorar vereinbart. Für die Umsetzung der Beratungsempfehlungen mit den einzelnen Produkten und Dienstleistungen erhält der Anbieter entsprechende Provisionen. Dabei kann die Umsetzung der Empfehlungen für den Kunden optional bleiben, zumindest in den Bereichen, die nicht im Angebot und in der Kernkompetenz des Beraters liegen.[214] Die o.g. Vorteile der Honorarberatung bleiben in dieser Vergütungsform für den Kunden erhalten, außerdem kann durch die Provisionseinnahmen für den Berater ein zusätzlicher Ertrag erzielt werden. Es liegt sicherlich auch an der Person des Finanzplaners, dass er im Gutachten nicht schon Produkte nur auf Grund einer zu erwartenden Provision empfiehlt. In Bankinstituten wird deshalb z. T. die Finanzplanung vom Produktverkauf personell getrennt. Damit soll eine relativ hohe Unabhängigkeit des Beraters erzielt werden.[215]

Honorar und verrechenbare Provision

In dieser Form zahlt der Kunde zunächst für die Durchführung der Beratung ein Honorar. Sollte er danach eine Umsetzung der Empfehlungen beim gleichen Anbieter vornehmen wollen, wird das Honorar mit den Provisionen verrechnet. Bei entsprechenden Volumen wird die Private Finanzplanung für den Kunden kostenlos. Er wird jedoch durch eine solche Regelung indirekt zur Umsetzung mit einem bestimmten Partner gezwungen [216] Der Vorteil für den Kunden liegt sicherlich in einer Transparenz über die Vergütung des Beraters, außerdem in der Möglichkeit auch in den Mehrwert einer unabhängigen Honorarberatung zu kommen.

---

213 vgl. Kruschev, Wesselin, a.a.O., S.140

214 vgl. Kruschev, Wesselin, a.a.O., S.140

215 vgl. http://www.iqf.info/id_menue+123-seite+1.html

216 vgl. Kruschev, Wesselin, a.a.O., S.140

9. Nachfrage nach Financial Planning

9.1 Bestimmungsfaktoren der Nachfrage

Um die Nachfragefaktoren näher zu bestimmen, muss zunächst eine Unterscheidung hinsichtlich des Informationsverhaltens von potentiellen Kunden getroffen werden.

Es kann hier grundsätzlich eine Einteilung in passive und aktive Informationsbeschaffung erfolgen. *Passive Informationstypen* werden i.d.R. von Finanzdienstleistern auf Produkte und Dienstleistungen hingewiesen. Die Informationsaufnahme verläuft absichtslos bzw. zufällig. Diese Personengruppe ist vor allem über Werbung zu erreichen Die *aktiven Informationstypen* hingegen suchen mehr oder weniger zielgerichtet nach Informationen. Diese Gruppe geht aktiv auf Informationsquellen zu. Sie holen sich z.B. Börseninformationen bei einer Bank oder lesen beispielsweise Fachzeitschriften.[217]

Ein weiterer Bestimmungsfaktor ist das *Kosten-Nutzen-Kalkül* des Kunden. Es wird hier ein Menschenbild zugrunde gelegt, dass Privatpersonen grundsätzlich als eingeschränkt rationale Entscheider betrachtet. Die möglichen Kunden sind zwar nur unvollkommen informiert und auch nicht in der Lage alle zur Verfügung stehenden Informationen zu verarbeiten, jedoch wird diejenige Alternative ausgewählt, die in ihren Augen die Beste ist. Der private Entscheider zeigt außerdem kein besonders aktives Informationsverhalten und entscheidet deshalb auf Grundlage eines begrenzten Informationsstandes. Bei der Gegenüberstellung von Nutzen und Kosten einer Alternative nimmt er selten eine detaillierte, systematische Bewertung und Berechnung der Kosten- und Nutzenkomponenten vor. Vielmehr vergleicht er global die Vor- und Nachteile der Alternative und kommt zu einer vereinfachten Entscheidung. [218]

217 vgl. Hochberger, Bernd, a.a.O., S. 118

218 vgl. Kloepfer, Jacob, a.a.O., S.121

9.2 Gründe der Nachfrage nach Financial Planning

Bei den Gründen, warum ein potentieller Kunde Financial Planning nachfragen könnte, sollte zunächst eine Aufteilung hinsichtlich der Zielgruppe erfolgen. Banken unterteilen ihre Kunden zumeist in verschiedene Segmente. So etwa in Private Banking Kunden und Retail Banking Kunden. Auch die bisherigen wissenschaftlichen Untersuchungen wurden in diesen beiden Bereichen durchgeführt.

Nach einer Studie von Tilmes im Rahmen seiner Dissertation im Private Banking gibt es i. d. R. nicht nur einen einzelnen Grund für eine Leistungsnachfrage, sondern durchschnittlich werden mehrere Gründe angegeben. Es dominieren Gründe wie „Renditeverbesserung“, „Altersvorsorge“, „Hohe Steuerbelastung“ und eine „Überprüfung der Anlagestrategie“.[219]

Bei Hochbergers Analyse im Bereich des Retail-Banking wurden Gründe wie „Steueroptimierung“, „Abbau von Schulden“ und „Immobilienerwerb“ am häufigsten genannt.[220]

9.3 Einfluss auf die Wahl des Anbieters

Für bestehende oder neu zu gründende Finanzdienstleister stellt sich die Frage, welche Form der Organisation die Nachfrager bevorzugen würden. In einer empirischen Studie von Bernd Hochberger [221] stellte dieser fest, dass das höchste Vertrauen den unabhängigen Finanzdienstleistern zugesprochen wird. Es wird abermals die Unabhängigkeit des Dienstleisters als entscheidendes Merkmal betont. Eine annähernd gleich hohe Kompetenzerwartung werden den Verbraucherzentralen und Steuerberatern zuteil. Bei den Steuerberatern handelt es sich um einen Personenkreis, denen allgemein Kompetenzen in finanziellen Dingen zugesprochen werden. Zudem sind Honorare dort üblich, was die Unabhängigkeit und Objektivität des Angebots unterstützt. Banken und Sparkassen, die traditionellen Anbieter von Beratungsleistungen rund um die privaten Finanzen, schneiden schlechter ab. Am wenigsten werden Versicherungen eine Kompetenz in Financial Planning zugetraut.

---

[219] vgl. Tilmes, Rolf, a.a.O., S. 293

[220] vgl. Hochberger, Bernd, a.a.O., S.269

[221] vgl. Hochberger, Bernd, a.a.O., S.275

10. Marketing im Financial Planning

Die tatsächliche Entwicklung der Nachfrage nach Financial Planning entsprach bisher nicht den hohen Erwartungen der Anbieter. Obwohl die Vorteile der Beratungsdienstleistung Financial Planning für den Kunden außer Frage stehen. Die seit über zehn Jahren vorausgesagte breite Durchsetzung einer honorarpflichtigen Privaten Finanzplanung ist in Deutschland bisher nicht gelungen. Eine Zahl von 1.000 bis 3.000 umfassenden Finanzplänen pro Jahr ist nicht zufriedendstellend. [222] Die Bedarfserkennung erfolgt zumindest heute in den wenigsten Fällen durch den Haushalt selbst. Financial Planning muss deshalb verkauft werden.[223]

Die unzureichende bisherige Nachfrage ist vor allem auch auf die Vorbehalte der Zielkunden gegenüber einer Privaten Finanzplanung zurückzuführen (vgl. Abbildung 10). Trotz der Vorbehalte gibt es deutliche Anzeichen dafür, dass bei den Zielkunden ein aktivierbares Interesse an Financial Planning besteht.[224] Dies zeigt sich in verschiedenen empirischen Untersuchungen, so auch in Privatkundenerhebung von Kloepfer.[225]

Ein guter Teil der von Kloepfer befragten Zielkunden hält Financial Planning für nützlich und sinnvoll, fast die Hälfte wäre grundsätzlich bereit, eine Private Finanzplanung in Anspruch zu nehmen.[226] Der Bedarf an einer systematischen Vermögens- und Finanzplanung ist aus objektiv nachprüfbaren Gründen also vorhanden und die nach empirischen Untersuchungen potentielle Zielgruppe auch ausreichend groß.

Gerade aber wegen der Vorbehalte der Zielkunden, muss ein Anbieter im Markt für Private Finanzplanung aktiv Marketing betreiben. In einer erfolgsversprechenden Marketingstrategie für die Private Finanzplanung sollten die Instrumente an den Punkten ansetztzen, die einer weiteren Verbreitung des Financial Plannings in Deutschland bisher im Wege standen.

[222] vgl. Kloepfer, Jacob, a.a.O., S.92

[223] vgl. Tilmes, Rolf, a.a.O., S.45

[224] vgl. Hochberger, Bernd, a.a.O, S. 264 : In dessen Umfrage würden 58,8% der befragten Personen Financial Planning nachfragen wollen.

[225] vgl. Kloepfer, Jacob, a.a.O., S.92

[226] vgl. Kloepfer, Jacob, a.a.O., S.92

Abbildung 10 Vorbehalte der Zielkunden

Als die wichtigsten Gründe warum, Zielkunden die Private Finanzplanung als entgeltliches Beratungsangebot nicht in Anspruch nehmen würden, gaben diese in der Privatpersonenerhebung von Kloepfer an:

- Finanzplanung selber zu erstellen bzw. dies selber zu können (50%)
- Vermögen ist überschaubar bzw. Finanzen erlauben nur einen begrenzten Spielraum (40%)
- Misstrauen in die Objektivität der Finanzplanung (30%)
- kein Beratungshonorar aufwenden (25%)

Quelle: vgl. Kloepfer, Jacob, a.a.O, S.89

Bekanntheit

Die Private Finanzplanung ist bei den potentiellen Kunden zum großen Teil nicht bekannt oder es sind mit dem Begriff Private Finanzplanung falsche Assoziationen verbunden. [227] Oftmals herrscht zwar eine gewisse Unsicherheit bezüglich der eigenen finanziellen Belange vor, an Financial Planning als Lösungsalternative wird selten gedacht.[228] Die Wahrnehmung der eigentlichen Inhalte von Financial Planning in Deutschland ist aus Kundensicht noch verschwindend gering.[229] Die Folge ist das letztlich keine Markttransparenz in Deutschland hinsichtlich Financial Planning vorherrscht.[230] Die Anleger wissen in der Regel nicht, dass es eine Private Finanzplanung überhaupt gibt und in größeren Organisationen gehört die Finanzplanung nicht unbedingt zu den Dienstleistungen die den Kunden regelmäßig angeboten werden. So können die komplexen Inhalte der Dienstleistung in einer Zeitungsanzeige oder einem Werbespot nur sehr schwierig vermittelt werden. Keinem Anbieter ist es in den vergangenen Jahren gelungen, die Inhalte der

[227] vgl. Farkass-Richling / Staab, a.a.O., S.39

[228] vgl. Hochberger, Bernd, a.a.O., S. 30

[229] In der Untersuchung von Kloepfer gaben 40% der Befragten an, dass Private Finanzplanung ihnen ein Begriff sei; die Kontrollfrage nach den Inhalten ergab jedoch, dass mehr als 60% von ihnen mit dem Begriff etwas anderes verbinden. Lediglich 15% aller Befragten haben eine annähernd zutreffende Vorstellung von den Inhalten einer Privaten Finanzplanung. (vgl. Kloepfer , a.a.O., S.86)

[230] vgl. Hochberger, Bernd, a.a.O, S. 16.

Dienstleistung und die damit offensichtlich verbundenen Vorteile für Kunden in der breiten Öffentlichkeit zu kommunizieren.[231] Die Inhalte der Finanzplanung können deshalb nicht direkt beworben werden. Es müssen vielmehr konkrete Probleme oder einzelne Problembereiche angesprochen werden, die das Interesse des Kunden wecken und ihn somit zu einem direkten Gespräch beim Anbieter führen. Also muss in der Werbebotschaft die Philosophie der Privaten Finanzplanung erläutert und bekannt gemacht werden. Es sollte hierbei klar die Charakteristika eines Financial Planning aufgezeigt werden und eine klare Abgrenzung zu anderen Finanzdienstleistungen wie z.B. der Anlagevermittlung herausgestellt werden.[232]

Problembewusstsein

Wie Studien[233] ergaben, liegt ein weiterer häufiger Grund für die mangelnde Bereitschaft eine Private Finanzplanung in Anspruch zu nehmen darin, dass der Kunde sich selbst zutraut seine Finanzen zu planen. Diese Vorstellung beruht vor allem aus der Annahme her, dass bei einer optimalen Betreuung einzelner Vermögensbereiche, auch das Gesamtvermögen optimal betreut und strukturiert ist.[234] Das Interesse der Zielkunden setzt deshalb voraus, dass diese ein Problembewusstsein besitzen, d.h. dass sie sich der finanziellen Nachteile bewusst sind, die entstehen können, wenn ihre persönlichen Finanzen nicht bedürfnisgerecht strukturiert sind und in ihrer zukünftigen Entwicklung nicht überblickt werden.[235]

Es müssen deshalb Maßnahmen ergriffen werden, die dem (potentiellen) Kunden seine Diskrepanz zwischen Ist und möglichen Sollzustand verdeutlichen. Die Entstehung eines Problembewusstseins kann bei den Zielkunden dadurch erzeugt werden, dass man ihnen den tatsächlichen Zustands ihres Wissens über die persönlichen Finanzen vor Augen führt. Darüber hinaus sollte das Marketing, den Zielkunden die Bedeutung bestimmter Aspekte vor Augen führen, die in den Auswirkungen auf den privaten Haushalt vielfach unterschätzt werden. Durch gezielte Fragen kann ein Finanzplanungsunternehmen den Zielkunden Wissenslücken aufzeigen, die dem Kunden bisher nicht bewusst waren. So sieht

---

[231] vgl. Kruschev, Wesselin, a.a.O., S.28 ff.

[232] vgl. Kloepfer, Jacob, a.a.O., S.93

[233] vgl. Kollenda, Barbara, Allfinanz und ihre Privatkunden, Wiesbaden (Gabler), 1992, S.91 und Kloepfer, Jacob, a.a.O., S.89

[234] vgl. Farkass-Richling / Staab, a.a.O., S.39

[235] vgl. Kloepfer, Jacob, a.a.O., S.93

Kloepfer in seiner Dissertation in folgenden Fragen eine Möglichkeit das Problembewußsein zu steigern:[236]

- Wissen Sie, welchen Wert ihr Vermögen hat?
- Kennen Sie die durchschnittliche Nachsteuerrendite Ihres Vermögens?
- Wissen Sie, wie hoch Ihre liquiden Mittel im nächsten Jahr sein werden?
- Ist Ihr Vermögen gegen einen Kurssturz abgesichert?
- Reicht die Rendite Ihres Vermögens nach Steuern aus, Ihren Lebensstandard im Alter zu sichern?
- Legen Sie heute ihr Geld an, ohne die Rendite von Morgen zu kennen?

Objektivität und Qualität der Finanzplanung

Ein weiterer wichtiger Ansatzpunkt für das Marketing sind die Vorbehalte, die sich aus den Zweifeln der Zielkunden an der Qualität der Privaten Finanzplanung ergeben. Die Zweifel richten sich weniger auf die Fähigkeit des Finanzplaners, eine umfassende und detaillierte Beratung zu erstellen.[237] Sie sind vielmehr auf das Kosten-Nutzen-Kalkül des Kunden zurückzuführen.[238]

Der relative Nutzen der Privaten Finanzplanung generell bemisst sich nach ihrem Netto-Nutzen im Vergleich zu konkurrierenden Beratungsangeboten, etwa der Steuerberatung oder der reinen Anlagevermittlung. Erst wenn der erwartende Netto-Nutzen höher eingeschätzt wird als der Nutzen anderer Beratungsdienstleistungen, wird der Kunde sich für eine Private Finanzplanung entscheiden.[239] Deshalb muss der private Haushalt zuerst die Vorteilhaftigkeit einer strukturierten Finanzplanung für sich erkennen. Die Sensibilisierung für dieses Thema kann auf die verschiedensten Weisen erfolgen, etwa durch den Eintritt bestimmter Lebensereignisse oder den Hinweis von Verwandten oder Bekannten. Weitere Sensibilisierungsmöglichkeiten versprechen Finanzerziehungsmaßnahmen [240] oder die ausführliche Darstellung des Nutzens der Privaten Finanzplanung. Die Anbieter müssen also im Allgemeinen den Haushalt vom Nutzen überzeugen.[241]

---

236 vgl. Kloepfer, Jacob, a.a.O., S.249 ff.

237 vgl. Kloepfer, Jacob, a.a.O., S.94

238 vgl. Kapitel II Punkt 9.1 Bestimmungsfaktoren der Nachfrage

239 vgl. Kloepfer, Jacob, a.a.O., S.181

240 Auf Finanzerziehungsmaßnahmen wird ausführlich in Kapitel II Punkt 11 eingegangen.

241 vgl. Hochberger, Bernd, a.a.O., S.30

Der Nutzen der Privaten Finanzplanung ist beispielsweise:[242]

- Steigerung der Rendite [243]
- Senkung der Steuerbelastung [244]
- Aufzeigen von Optimierungsmöglichkeiten
- Erstellung eines zukünftigen „ finanziellen Fahrplans“
- Einsparung von Kosten
- Senkung der Kreditbelastungen durch Umschuldung
- Entwicklung einer Gesamtstrategie für den Anlage-, Finanzierungs-, Altersvorsorge- , Vermögensnachfolge- und Steuerbereich [245]
- Individuelle (inhaltlich, zeitlich, örtlich) Beratung des Mandanten
- Honorarberatung die ausschließlich die Erfüllung der Mandantenziele zum Ziel hat und eigene Vergütungsinteressen in den Hintergrund stellt
- Nutzung der gesamten Beratungskompetenz eines Anbieters (Spezialisten sämtlicher Fachbereiche stehen zur Verfügung und werden durch den Finanzplaner koordiniert)
- Aufzeigen zukünftiger Handlungsalternativen
- Ausführliche schriftliche Dokumentation der empfohlenen Maßnahmen und Optimierungsvorschläge
- Absicherung der Altersvorsorge durch eine intensive, unverbindliche Beratung und einen hierfür zuständigen Berater

[242] vgl. Kruschev, Wesselin, a.a.O. S.59 ff.

[243] Bei einer Untersuchung der Commerz-Finanz-Management hat man festgestellt, dass die Rendite der reinen Vermögensanlagen im Mittel bei 3,85% liegt. Durch Strukturierungs- und Optimierungsmaßnahmen mit Hilfe der Finanzplanung lässt sich die Rendite im ersten Jahr nach der Beratung auf durchschnittlich 5,3% steigern. (vgl. Kruschev, a.a.O. S.65)

[244] Nach Angaben eines Anbieters beträgt bei Kunden mit Spitzensteuersatz die Steuerersparnis im ersten Planungsjahr 37%. (vgl. Kruschev, a.a.O. S.65)

[245] vgl. Farkass-Richling / Staab, a.a.O., S.10

11. Finanzerziehung im Financial Planning

Unter Finanzerziehung versteht man die Vermittlung von Wissen rund um das Thema der privaten Finanzen. Dieses Konzept wird in den USA bereits sehr erfolgreich eingesetzt und ist dort u.a. mit verantwortlich für die weite Verbreitung des Financial Planning. Die Aus- und Weiterbildung findet in den USA vor allem an Universitäten und am Arbeitsplatz statt. Die Finanzerziehung am Arbeitsplatz nimmt dabei in den USA einen sehr hohen Stellenwert ein. 1994 waren schon bei 90% aller großen Arbeitgeber Finanzerziehungsmaßnahmen am Arbeitsplatz vorhanden.[246]

Dies liegt vor allem darin begründet, dass Haushalte dort in weitaus größerem Umfang private Vorsorge treffen müssen.[247] Die Verschlechterung der sozialen Absicherung in Deutschland wird aber ebenfalls dazu führen, dass auch bei uns eine Finanzerziehung notwendig werden wird und dass eine eigenständige Beschäftigung mit den eigenen Finanzen unausweichlich erscheint.

Die Inhalte der Schulungen in den USA sind z.B. Grundbegriffe der Geldanlage, Prinzipen der Asset Allocation, Risiko/Rendite Zusammenhänge, Auswirkungen der Inflation oder die Planung der Altersvorsorge. Außerdem werden geschult welche Vorteile frühes und regelmäßiges Sparen sowie eine Kontrolle der Einnahmen und Ausgaben und eine Reduzierung der Verschuldung haben.[248]

Eine Finanzerziehung kann u.a. von unabhängigen Finanzdienstleistern angeboten werden. Das Ziel liegt darin ein Problembewusstsein bei den privaten Haushalten zu erzeugen. Oftmals ist nämlich gar kein Bewusstsein der potentiellen Nachfrager, über die Vorteile und Notwendigkeit einer Privaten Finanzplanung vorhanden. Dies ist in verschieden Ursachen begründet. Eine ist beispielsweise mangelndes Wissen in finanziellen Fragen.

Es liegen auch in Deutschland große Wissenslücken im Bereich der privaten Finanzen vor. So besteht auch bei uns eine Notwendigkeit zur Finanzerziehung. Dies zeigt eine vom Commerzbank Ideenlabor in Auftrag gegebene Studie.[249] Das Ergebnis der Studie offenbarte bei den deutschen Bürgern aller Bildungsniveaus

---

[246] vgl. Hochberger, Bernd, a.a.O., S. 287

[247] vgl. Hochberger, Bernd, a.a.O., S. 153 und vgl. Kapitel I Punkt 1

[248] vgl. Bernheim/Garett, a.a.O., S.5

[249] vgl. Pressemitteilung Commerzbank Ideenlabor „Die Psychologie des Geldes" des Forschungsinstitutes Sinus Sociovision, Oktober und Dezember 2003 (www.commerzbank.de)

große Wissenslücken im Bereich der privaten Finanzen. Auch Studenten der Wirtschaftswissenschaften bilden nach der Studie keine Ausnahme. Die Untersuchung sieht die Gründe für das mangelnde Finanzwissen u.a. in folgenden Ursachen: [250]

Tabuisierung von Geld

Eine Ursache liegt darin, dass das Thema Geld tabuisiert wird. So empfinden es Menschen als unangenehm, offen über Geld zu reden. Das Reden über zu wenig Geld löst bei vielen Schamgefühlen aus, das Reden über zu viel führt zu Neidgefühlen. Das Thema Geld wird daher als Teil der persönlichen Intimsphäre wahrgenommen. Laut Studie trifft dies besonders auf Ältere zu, die ihre Person stark über Einkommen und Vermögen bewerten.

Negatives Image von Geld

Eine weitere wichtige Hemmschwelle sehen die Forscher im negativen Image des Geldes. Sich intensiv mit Geldthemen zu befassen gilt als oberflächlich und moralisch fragwürdig. Finanziell clever und erfolgreich zu sein wird als Übervorteilung anderer gewertet. Deshalb besteht kaum Anreiz, sich als „Finanzfuchs" zu erweisen. Laut Aussage der Forscher hat sich diese Wahrnehmung durch die negative Entwicklung an den Börsenmärkten verfestigt und zu einem generellen Misstrauen gegenüber Finanzexperten geführt.

Komplexität von Geld

Auch empfinden die Deutschen das Thema Geld als zu komplex. So haben die Menschen etwa Schwierigkeiten mit der Produktvielfalt oder der Begriffswelt der Finanzdienstleistungen. Die wahrgenommene Komplexität löst laut Studie bei vielen Angst und Unsicherheit aus. Dies führt zu Vermeidung und Verdrängung. Man delegiert Geldangelegenheiten beispielsweise an den Ehepartner oder verschließt sich im Extremfall dem Thema ganz. Weiterhin werden Geldthemen als sehr abstrakt empfunden. Vorgänge wie etwa die Zinsentwicklung sind nicht unmittelbar greifbar – anders als etwa der Umgang mit Bargeld, der sich im Alltag immer aufs Neue erleben lässt. Auch die oftmals langen Zeiträume zwischen dem Abschluss einer Geldanlage und ihrem möglichen Gewinn tragen zur Abstraktion bei. Bei der

---

[250] Die nachfolgenden Ausführungen beziehen sich auf die Pressemitteilung Commerzbank Ideenlabor „Die Psychologie des Geldes" des Forschungsinstitutes Sinus Sociovision, Oktober und Dezember 2003 (www.commerzbank.de)

Altersvorsorge beispielsweise müssen heute Entscheidungen getroffen werden, deren Auswirkungen erst nach Jahrzehnten sichtbar sind. Aus Angst vor Fehlentscheidungen wird das Thema ausgesessen, anstatt sich planvoll um die finanzielle Absicherung im Alter zu sorgen. Besonders bei jungen Menschen in der Ausbildung und bei der älteren Generation von Hausfrauen stellt die Studie eine Unmündigkeit in finanziellen Fragen fest. Sie sehen keine Notwendigkeit darin, ihre Finanzen selbst in die Hand zu nehmen. Diese Unmündigkeit wird selbst nicht wahrgenommen, da sich diese Gruppen vom Staat oder Ehepartner als gut versorgt fühlen. Schließlich beschäftigen sich Menschen nicht mit Gelddingen, weil es für sie nicht rentabel genug erscheint. Aufwand und Ertrag stehen für sie in keinem günstigen Verhältnis. Die Beschäftigung mit dem Thema Geld bringt ihnen nach eigener Ansicht weder genügend materielle Belohnung, noch ausreichend soziale Bestätigung.

Die Finanzerziehung kann sich an den vorangegangen Punkten in ihren Schulungen und Seminaren orientieren.

Finanzerziehung kann somit in zweifacher Weise angewendet werden. Erstens als eigenes Produkt, mit dem Ziel den Haushalt Wissen rund um das Thema private Finanzen zu vermitteln. Andererseits als Sensibilisierungsinstrument, das die Notwendigkeit eines Financial Planning aufzeigt und zur Nutzung von professionellen Angeboten führt.[251]

[251] vgl. Hochberger, Bernd, a.a.O., S. 157

III. Financial Planning – Status Quo in Deutschland

1. Anbieter von Financial Planning in Deutschland

Seit Mitte der 90iger Jahren setzt sich Financial Planning in Deutschland immer mehr durch.[252] Die deutschen Ursprünge liegen bei Albrecht Graf Matuschka, der 1986 mit seiner Matuschka Privat Finanz Beratungs- und Verwaltungsgesellschaft mbH den Begriff „Finanzplanung" in Deutschland einführte.[253]

Anbieter in Deutschland ist die einschlägige Finanzdienstleistungsindustrie: Banken, Versicherungen, Vertriebsgesellschaften für Finanzdienstleistungen, Bausparkassen, Investmentgesellschaften und unabhängige Finanz- und Vermögensberater. Aber auch Steuerberater sehen Financial Planning zunehmend als ein neues Geschäftsfeld.[254]

Abbildung 11 Anbieter im Bereich Financial Planning

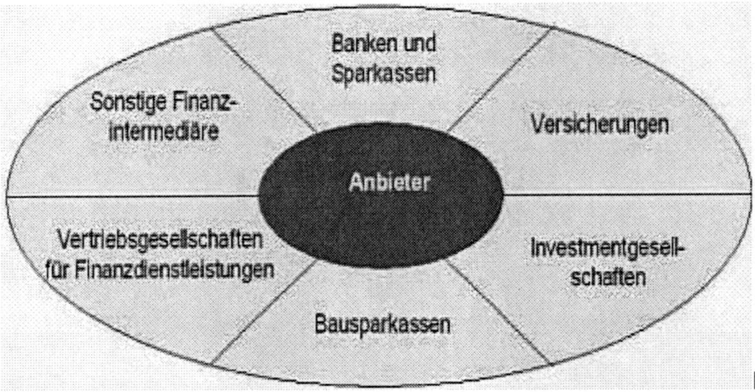

Quelle: Institut für Financial Planning (IFP), Univ.-Prof. Dr. Jürgen Steiner

Die Private Finanzplanung wird in letzter Zeit wieder intensiv beworben. „Finanzieller Erfolg ist die Summe richtiger Entscheidungen" so lautet der Slogan der jüngsten Werbekampagne der Deutschen Bank, womit diese seit Januar 2004

---

[252] vgl. Schaubach, Peter, Financial Planning - Vom 60 Meter-Sprint zum Siebenkampf, Frankfurt am Main (IHK-Wirtschaftsforum), Februar 2001

[253] vgl. Ehrlich / Dembrowski, a.a.O., S.164

[254] vgl. Steiner, Jürgen, Meilensteine auf dem Weg zu einem erfolgreichen Financial Planning im Privatkundengeschäft, Passau (Banking and Information Technology) Januar 2003, S. 15

für ihre „db Finanz & VermögensPlanung" in Zeitschriften, im Radio und im Fernsehen wirbt. Auch die Volksbanken und Raiffeisenbanken sowie die Sparkassen bewerben ihre Finanzplanung wieder aktiv. Wobei die öffentlichen-rechtlichen Banken ihre Finanzplanung kostenlos anbieten, lässt die Deutsche Bank sich ihre Leistungen honorieren.

Es ist aber schwierig bei allen in Zusammenhang mit Financial Planning vorgehaltenen Angeboten in Deutschland die echten Finanzplaner von Anlageberatern und Versicherungsvermittlern zu unterscheiden. Es wird oftmals durch Banken und Versicherungen der Eindruck erzeugt, dass eine ganzheitliche Beratung stattfindet.[255] In Wirklichkeit sind es meist lediglich Anlage- bzw. Vorsorgeaspekte, die ggf. noch mit steuerlichen Aspekten in Verbindung gebracht werden. Dies ist aber weit entfernt von der Philosophie der umfassenden Finanzplanung.

Die Private Finanzplanung ist bis heute keine Standardleistung im Private Banking und schon gar nicht im Retail-Banking geworden.[256] Weiterhin haben die letzten Jahre gezeigt, dass zur Einführung von Financial Planning ein langer Atem nötig ist. Die Anbieter der Dienstleistung im Bereich der Banken haben erlebt, dass zwischen Auftragsklärung, Datenerfassung, Strategieentwicklung bis hin zur Umsetzung ohne weiteres sechs oder mehr Monate vergehen können. Schwarze Zahlen werden in der Regel erst nach etlichen Jahren geschrieben. Es hat sich gezeigt, dass viele angestellte Berater bei Großbanken größte Probleme damit haben ihren Kunden Financial Planning erfolgreich anzubieten. Dies ist besonders dann der Fall, wenn die „Verkäufer" die Dienstleistung nicht selbst durchführen, sondern die Pläne an zentraler Stelle erstellt werden. Es bleibt äußerst fraglich, ob die Kreditinstitute und Versicherungsgesellschaften auf Dauer diese Dienstleistung in dieser Ausprägung anbieten werden. Derzeit sind deshalb zwei Entwicklungen in Deutschland zu erkennen.

Auf der einen Seite werden die Vorteile des Financial Planning ohne Zweifel erkannt. Die gewünschte Wirkung für den Ertrag der Kreditinstitute ist aber nur dann zu erzielen, wenn die internen Prozesse auf die jeweilige Zielgruppe abgestimmt und optimiert sind. Der traditionelle Finanzplanungsansatz ist für das

---

[255] Die Abgrenzung des Financial Planning von anderen Finanzdienstleistungen wurde bereits im Kapitel II Punkt 2. erläutert

[256] vgl. Tilmes, Rolf, a.a.O., S. 283

Individualkundengeschäft eher ungeeignet, da er zu umfangreich, aufwändig und kostenintensiv ist.

Zusätzlich zu diesem Trend ist eine Gegenbewegung festzustellen. Dabei wird das Financial Planning als Leistung eines freien Berufs verstanden. Der Finanzplaner arbeitet wie ein Steuerberater oder Rechtsanwalt ausschließlich gegen Honorar. Die Anbieter erhalten keine Provisionen, sondern lassen sich direkt vom Mandanten vergüten. Einige freie Finanzberater haben diesen Weg bisher für sich erkannt. [257]

Die Zahl der Anbieter in Bereich der freien Finanzberater wird aber sicherlich noch zunehmen, da der Mehrwert bei einem freien und unabhängigen Berater für den Kunden größer ist, als es dies bei angestellten Financial Planner bei Banken und Versicherungen wäre. Der Erfolg von freien Anbietern wird auch davon abhängen, ob sie es schaffen sich am Markt so positionieren, wie etwa Steuerberater oder Rechtsanwälte. Ein Honorar wird dann eher akzeptiert.

1.1 Anbieter im Bereich Banken

In dieser Kategorie sind die bedeutendsten Anbieter nach einer Untersuchung von Richter [258] Delbrück & Co., Deutsche Bank, Dresdner Bank, Gerling, WGZ-Bank und HSBC Trinkhaus & Burkhardt.

Die Inhalte der Finanzplanung der bedeutendsten Anbieter im Bankenbereich sind weitgehend übereinstimmend. So bieten alle Dienstleister eine Vermögensplanung, eine Liquiditätsplanung, eine Planung der steuerlichen Auswirkungen, eine Beratung bei der Vermögensnachfolge, Wertpapieranalysen, Immobilienanalysen und ein Risikomanagement an. Bei der Festlegung der Zielkunden, der Grundlage der Honorarberechnung und der Höhe des Durchschnittshonorars gibt es jedoch Unterschiede.

So sind die Zielkunden von Delbrück & Co bezüglich eigenen Angaben "komplexe Eigentümer verantwortete Vermögen“. Die Dresdner Bank setzt auf „Private Banking Kunden“ und HSBC Trinkhaus & Burkhardt auf „Vermögende Privatkunden“. Die Deutsche Bank, Gerling und die WGZ-Bank hingegen haben eine umfassendere

---

[257] vgl. Richter, Jörg, Entwicklungen im Financial Planning, Hannover (Banking and Information Technology) Januar 2003, S. 9 ff.

[258] vgl Richter, Jörg, Angebote bedeutender Anbieter in Deutschland im Vergleich, Hannover (Institut für Qualitätssicherung und Prüfung von Finanzdienstleistungen), Stand: 29.04.2002, vgl. www.financialplanning.de

Definition. So zählen bei diesen Anbietern u.a. leitende Angestellte, Selbständige, Vermögende Privatkunden und Unternehmer zum umworbenen Klientel.

Die Deutsche Bank, die Dresdner Bank und Gerling nehmen als Grundlage für die Honorarberechnung ein Basishonorar zuzüglich einem variablen Anteil (abhängig von der Komplexität des Vermögens, von besonderen Schwerpunkten und/oder Szenarien). Die Honorare von Delbrück und HSBC Trinkhaus bestimmen sich nach dem Umfang des Vermögens und der Planungsleistungen. Die WGZ-Bank hingegen nimmt als Basis nur den Vermögensumfang (abhängig von Art und Anzahl der Vermögensgegenstände).

Die Höhe der Entlohnung für die Private Finanzplanung bewegt sich in einer großen Bandbreite. Die Durchschnittshonorare reichen von 1.500 Euro (Gerling), über 5.000 Euro (Dresdner Bank, WGZ-Bank) bis zu über 10.000 Euro (Delbrück, HSBC Trinkhaus). Die Deutsche Bank machte in dieser Studie keine Angaben.

Überraschend im Anbieterbereich dieser Kategorie ist, dass der selbsternannte Marktführer CFM Commerz Finanz Management GmbH offenbar vom Markt verschwunden ist. Eine Rückfrage zur Überprüfung bei der Commerzbank in Frankfurt wurde leider nur dahingehend beantwortet, das es das Unternehmen nicht mehr gibt. Gründe hierfür wurden nicht genannt. Auch was mit den bestehenden Kunden geschehen wird und wie bzw. ob diese weiter betreut werden wurde auf Nachfrage nicht beantwortet. Im Geschäftsbericht 2003 des Konsolidierungsabschlusses der Commerzbank AG wurde vermerkt, dass sich das Tochterunternehmen in Liquidation befindet. Noch im Jahre 1995 wurde die CFM als Marktführer angesehen. Nach eigenen Angaben hatte das Unternehmen 1995 über 1000 Analysen durchgeführt. Diese Anzahl entsprach damals einem Marktanteil von 64 %. [259] Erstaunlich auch deshalb, weil die Commerzbank noch in einer Pressemitteilung vom 24. April 2001 folgendes veröffentlichte:

„ (...) Die CFM Commerz Finanz Management GmbH wurde 1991 gegründet. Heute beschäftigt sie rund 40 Finanzplaner; 26 davon werden als Certified Financial Planners höchsten Ansprüchen renommierter internationaler Verbände im Finanzplanungsbereich gerecht. Das Beratungsunternehmen erstellt pro Jahr etwa 1.000 Finanzplanungen für vermögende und besser verdienende Kunden und ist damit Marktführer in Deutschland. (...)“ [260]

---

[259] vgl. Kruschev, Wesselin, a.a.O., S.33 ff

[260] https://www.commerzbank.de/presse/archiv2/unternehmen/2001/04/p010424.html

1.2 Anbieter im Bereich Versicherungen

Der Staus quo des Financial Planning explizit bei den deutschen Lebensversicherern wurde 2002 von der nexum strategy[261] untersucht. Es wurden die nach Beiträgen fünfzig größten Lebensversicherer in Deutschland befragt. Die Umfrage beantworteten 35 Versicherungsgesellschaften. Rund 50% der befragten Unternehmen bieten Financial Planning an. Es sollen hier nicht alle Ergebnisse der Studie aufgezeigt werden. Um eine Vergleichbarkeit mit den anderen Anbietern zu erreichen, werden nur Schwerpunkte auf die Inhalte der Finanzplanung, die Festlegung der Zielkunden, die Grundlage für die Honorarberechnung und die Höhe des Durchschnittshonorars gelegt.

Die Inhalte des Financial Planning sind nach der Studie vor allem auf versicherungsnahe Teilaspekte des echten Financial Planning konzentriert. So decken alle Versicherer, nach eigenen Aussagen die Risikoabsicherung und die Altersvorsorge ab. Spezialthemen wie Nachfolgeplanung oder Erbschaftsfragen, die das Standardangebot professioneller Financial Planner sind bilden bei den Versicherern die Ausnahme. Es werden laut der Studie nur wenig ganzheitliche Beratungskonzepte präsentiert.

Wobei bei Banken und unabhängigen Finanzdienstleistern eine klare Zielgruppenorientierung, zumeist auf vermögende Privatkunden und Unternehmer, existiert, haben die Versicherungsunternehmen keine speziellen Segmentierungskriterien für ihr Financial Planning Angebot. Bei 85 Prozent der Unternehmen sollen ganz generell Kunden des Breitengeschäfts sowie gehobene Privatkunden angesprochen werden.

Eine separate Vergütung für Financial Planning Dienstleistungen ist bisher in der Versicherungswelt kaum ein Thema. 85 Prozent der Unternehmen verlangen kein Honorar für ihre Beratungsleistung. Dabei könnte nach eigener Einschätzung ein Honorar durchgesetzt werden. 40 Prozent der befragten Unternehmen sind davon überzeugt, das am Markt eine Bereitschaft zur Honorarentlohnung zumindest teilweise vorhanden ist. Die Kosten werden bisher durch den Produktverkauf gedeckt. Hiermit wird auch der Unterschied des Financial Planning durch Versicherungen und dem ursprünglichen Financial Planning Ansatz deutlich.

[261] vgl. nexum strategy, Financial Planning in der Versicherungswirtschaft, Zürich (nexum strategy), Studie 2002

1.3 Anbieter im Bereich freie Finanzdienstleister

Im Bereich der bankenunabhängigen Finanzdienstleister sind die bedeutendsten Anbieter MERCURION und Sineus. Die Inhalte der Finanzplanung der bankenunabhängigen Anbieter unterscheiden sich in der Bezeichnung nicht von den Banken. So bieten alle Dienstleister ebenso wie die Banken eine Vermögensplanung, eine Liquiditätsplanung, eine Planung der steuerlichen Auswirkungen, eine Beratung bei der Vermögensnachfolge, Wertpapieranalysen, Immobilienanalysen und ein Risikomanagement an.[262] Nur die Ergebnisse der Finanzplanung sind in der Regel von den Ergebnissen des Financial Planning der Banken zu unterscheiden. Es werden hier nicht nur konzerneigene Produkte angeboten, sondern die komplette Bandbreite der auf dem Markt verfügbaren Finanzprodukte steht zur Auswahl. Dies schlägt sich auch im Preis nieder, da diese Anbietergruppe nicht auf Quersubventionen durch Provisionen im Nachfolgegeschäft spekuliert.

Die Grundlage für die Honorarberechnung bei der Sineus AG ist ein Pauschalhonorar und abhängig von Komplexität des Vermögens und dem gewünschten Leistungsumfang.[263] Der Stundensatz liegt zwischen 100 und 250 Euro. Insgesamt kostet die Betreuung maximal 25.000 Euro pro Jahr. Dabei ist die Vergütung nicht an die Höhe des Vermögens gekoppelt, sondern wird am tatsächlichen Zeitaufwand bemessen. Durch eine Trennung der Vermittlung von Produkten erfolgt konsequent auch ein Verzicht auf Provisionseinnahmen. Der Kunde erhält nach Ablauf von zwölf Monaten eine Leistungsbilanz, in der das Honorar aufgeschlüsselt ist. Sie beinhaltet den Nachweis der Tätigkeit inklusive der steuerlich absetzbaren Teile und der Provisionserstattung, die nicht dem Berater, sondern dem Kunden zugute kommen.[264] Die Zielgruppe von Sineus sind Unternehmer und „Entscheider der Wirtschaft.“.[265]

Bei MERCURION kostet nach eigenen Angaben eine „Private Finanzplanung“ durchschnittlich 1.500 Euro. Die Grundlage für die Honorarberechnung geschieht nach Aufwand und ggf. wird ein Pauschalhonorar vereinbart. Die Zielgruppe sind leitende Angestellte und Unternehmer.

---

[262] vgl. Richter, Jörg, a.a.O., Angebote bedeutender Anbieter in Deutschland im Vergleich

[263] vgl. Richter, Jörg, a.a.O., Angebote bedeutender Anbieter in Deutschland im Vergleich

[264] vgl. Fleischer, Klaus, Privatkunden richtig beraten, Tutzing (bankmagazin) Juni 2002, S. 67

[265] vgl. Richter, Jörg, a.a.O., Angebote bedeutender Anbieter in Deutschland im Vergleich

2. Verbände von Financial Planning in Deutschland

Die im Moment drei wichtigsten Verbände in denen sich deutsche Financial Planner zusammengeschlossen haben sind:

- DEVFP Deutscher Verband Financial Planners e.V.
- Deutsche Gesellschaft für Finanzplanung e.V
- Bundesverband Finanz-Planer e.V.

Der DEVFP Deutscher Verband Financial Planners e.V. ist ein Verein mit gemeinnütziger Ausrichtung. Zweck ist die Zertifizierung von Finanzplanern, die Überwachung ihrer Zertifizierung und Berufsausübung nach den ethischen Regeln sowie die Pflege eines öffentlich zugänglichen Registers aller Certified Financial Planner ® (CFP ®) in Deutschland. Mitglieder des Verbands sind Fachleute auf dem Gebiet der Finanzplanung aus unterschiedlichen Bereichen der Finanzdienstleistungsbranche: aus Banken und anderen Finanzinstituten, aus Versicherungen oder freie Finanzdienstleister. [266]

Die Deutsche Gesellschaft für Finanzplanung wurde 1995 in Bad Homburg v.d. Höhe gegründet. Ihr wichtigstes Ziel ist die Erhöhung der Qualität in der Finanzberatung. Der Deutschen Gesellschaft für Finanzplanung haben sich zwei Drittel der qualifizierten Finanzplanungsanbieter angeschlossen. [267]

Der Bundesverband Finanz-Planer e.V wurde im Sommer 1984 unter dem Namen "Bundesverband der Fachberater und Dozenten für angewandte Baufinanzierung" gegründet. Ein Ziel des BFB ist es, "an der Errichtung eines Berufsbildes des unabhängigen Finanzberaters, der seine Auftraggeber gegen Entgelt berät", mitzuwirken. Der Bundesverband Bau-Finanz-Berater hat im März 2000 die Änderungen seiner Satzung beschlossen, die den Kreis der Experten dieses Verbandes erweitert. Was bisher nur Baufinanzierungsspezialisten möglich war, soll nun auch den Experten anderer Sparten der Finanzdienstleistungsbranche offen stehen. Unabhängigkeit von Banken, Bausparkassen, Versicherungen und Fondsanbietern sowie langjährige, selbständige Berufsausübung, Marktübersicht, fachliche Kompetenz und Seriosität sind Vorrausetzung um Mitglied im Bundesverband Finanz-Planer zu werden.[268]

---

[266] vgl. http://www.devfp.de/index.cfm

[267] vgl. http://www.finanzplanung.de/de/start4.htm

[268] vgl. http://www.bundesverband-finanz-planer.de

3. Ausbildungssituation im Financial Planning in Deutschland

Die Berufsbezeichnung „Finanzplaner“ ist in Deutschland nicht gesetzlich geschützt. In den USA hingegen gibt es strenge Berufszulassungsregeln. [269]

An den Finanzplaner werden aber dennoch hohe fachliche und persönliche Anforderungen gestellt. Die Qualifikation des Finanzplaners sollte schon aus haftungsrechtlichen Gründen ein Mindestmaß an Qualität und Kompetenz nicht unterschreiten. Neben einem fundierten Fachwissen in den Bereichen Vermögensanlage, Finanzierung, Vorsorge, Steuern, Erbrecht, Rendite- und Liquiditätsberechnungen kann eine Reihe von Nebengebieten mehr oder weniger oft zum Tragen kommen. Selbstverständlich gehört zur Grundausstattung des Finanzplaners ein solides volks- und betriebswirtschaftliches Wissen.[270] Es gibt eine Reihe von Möglichkeiten Finanzplaner zu werden. Es können in dieser Arbeit nicht alle Ausbildungen zum Finanzplaner dargestellt werden. Es sollen deshalb nur vier Ausbildungen im Folgenden kurz beispielhaft beschrieben werden.

3.1 Ausbildung zum Certified Financial Planner (CFP)

Der Ursprung des Certified Financial Planner liegt in den USA. Seit Ende 1997 gibt es den CFP auch in Deutschland. Derzeit gibt es 826 Certified Financial Planner in Deutschland. Weltweit sind es nach Angaben des DEVFP über 72.000.[271] Rund 60 Prozent der deutschen CFP arbeiten bei Banken.[272] In den USA waren Ende 2003 rund 43.000 CFP registriert. Davon waren 76 % Männer und 24 % Frauen.[273] Mögliche Absolventen müssen zum Erhalt einer Lizenzierung als Financial Planner vier Säulen durchlaufen. Die erste Säule ist eine Qualifizierte Ausbildung. Die ist in der Bundesrepublik derzeit bei zwei Institutionen möglich. Der ebs Finanzakademie in Oestrich Winkel und bei der Hochschule für Bankwirtschaft (Hfb) in Frankfurt. Die zweite Säule basiert auf umfangreichen Prüfungen. Schon während der Ausbildung muss der künftige CFP Prüfungen ablegen die seinen Kenntnisstand dokumentieren. Drittens wird eine langjährige Erfahrung gefordert. Wer den Titel CFP führen will, muss mindestens drei Jahre im Finanzdienstleistungsbereich und

---

269 vgl. Ehrlich / Dembrowski, a.a.O., S.151

270 vgl. Böckhoff / Stracke, a.a.O., S. 49 ff

271 vgl. http://www.devfp.de/index.cfm

272 vgl Hamm, Margaretha, Vermögende Privatkunden qualifiziert beraten, Wiesbaden (bankmagazin) Juni 2002, S.58

273 Certified Financial Planner Board of Standards Inc., 2003 Annual Report, vgl. http://www.cfp.net

ein Jahr als Finanzplaner gearbeitet haben. Als letzte und vierte Säule müssen gewisse ethische Regeln eingehalten werden. Der Finanzplaner muss sich verpflichten Berufsgrundsätze wie Integrität, Vertraulichkeit, Objektivität, Neutralität, Kompetenz und Professionalität einzuhalten.

3.2 Ausbildung zum European Financial Advisor (EFA)

Seit Jahresbeginn 2004 bietet die Vereinigung für Bankberufsbildung e.V. (vbb), Frankfurt, gemeinsam mit der European Financial Planning Association (EFPA) eine zweistufige Zertifizierung zum European Financial Advisor (EFA) oder zum European Financial Planner (EFP) an. Die Ausbildung zum European Financial Advisor (EFA) vermittelt einen ganzheitlichen und unabhängigen Beratungsansatz. Hierbei werden Vermögensaufbau, Altersvorsorge, Finanzierung und Versicherungen betrachtet. Berücksichtigt werden auch steuerliche Aspekte, Bargeldbedarf, Rendite und das Sicherheitsbedürfnis des Kunden. Die Beratungsstrategien des EFA eignen sich für Privatpersonen, Mittelständler oder Ärzte. Die Vorrausetzung für den EFA ist eine Lehre als Bankkaufmann oder Versicherungskaufmann sowie 2 Jahre Berufserfahrung.

3.3 Ausbildung zum European Financial Planner (EFP)

European Financial Planner (EFP) erwerben das nötige Know-how, um größere Vermögen zu managen. Beratungsschwerpunkte sind beispielsweise Vermögensstrukturierung und steuerliche Optimierung, aber auch Nachfolgeplanung und Vermögensübertragung. Die Zugangsvorrausetzung ist das Zertifikat als EFA oder eine gleichwertige Qualifizierung mit drei Jahren Berufserfahrung. [274]

3.4 Ausbildung an der Universität Regensburg

Seit dem Wintersemester 2002 bietet die Academy for Finance GmbH als universitätsnahe Weiterbildungsgesellschaft der Universität Regensburg ein Kontaktstudium mit dem Abschluss „Geprüfter Finanzplaner“ an. Das Ausbildungsprogramm orientiert sich an den amerikanischen Standards des Masters of Science Degree Program in Financial Planning. Das Full-Time-Studium kann in fünf Monaten absolviert werden.[275]

---

[274] vgl. Michpoulos, A., Finanzberatung die unabhängig ist, ohne Ort (bankmagazin) Mai 2004, S.60

[275] vgl. Farkass-Richling / Staab, a.a.O., S.22 / vgl. www.academyforfinance.de

IV. Muster eines Businessplan

Im Folgenden soll basierend auf den vorangegangen theoretischen Überlegungen die Gründung eines Beratungsunternehmens im Bereich der Privaten Finanzplanung dargestellt werden.

Dies soll mit Hilfe eines Musterbusinessplans geschehen. Der Aufbau und die Gestaltung des Business Plans wurden übernommen aus dem *„Business Planer Online"* des Bundesministeriums für Wirtschaft und Arbeit, welche diese auf ihren Internetseiten für Existenzgründer zur Verfügung stellt. [276]

Die Gründung soll beispielhaft anhand des fiktiven Unternehmens Finances & Fortune Ltd. geschehen. Es wird davon ausgegangen, dass der Gründer bereits in den Bereichen Steuerberatung und Unternehmensberatung tätig ist.

Die Zahlen in den Anhängen Kapitalbedarfs- und Finanzierungsplan, Liquiditätsvorschau 2005 und Liquiditätsvorschau 2006 – 2008 entsprechen der Realität. Aus dem Kapitalbedarfs- und Finanzierungsplan ist demnach ersichtlich, dass das benötigte Kapital aus Eigenmitteln erbracht werden kann.

Deshalb ist die Intention des folgenden Businessplans nicht die Vorlage bei Banken zur Fremdkapitalgewinnung, sondern soll vielmehr als Strategieplan für einen möglichen Gründer dienen. Mit Änderungen kann der Musterbusinessplan - bei Mangel des erforderlichen Eigenkapitals - aber auch zur Gewinnung von Investoren verwendet werden.

[276] http://www.bmwa.bund.de

Business Plan der Finances & Fortune Ltd.

1. Management Summary

Die Finances & Fortune Ltd. will Anfang 2005 eine ganzheitliche, individuelle und innovative Beratungsdienstleistung auf Honorarbasis im Bereich der Privaten Finanzen für Privatpersonen anbieten.

Die Finances & Fortune Ltd. stellt eine strategische Erweiterung der bisher abgedeckten Geschäftsfelder Steuerberatung und Unternehmensberatung dar. Das bereits bestehende Netzwerk aus Steuerberatern und Rechtsanwälten kann dabei für das zu gründende Unternehmen genutzt werden.

Der bisherige Markt für Finanzdienstleistungen wird vor allem von Banken und Versicherungen dominiert und ist geprägt durch Verkaufsorientierung und Abhängigkeit von Provisionen. Neutrale, unabhängige und reine Beratungsdienstleistungen sind im Markt für Finanzdienstleistungen bislang kaum oder gar nicht vorhanden.

Der Rückzug des Staates aufgrund der Finanzierungsprobleme aus der sozialen Absicherung (Renten-, Kranken-, Arbeitslosen-, Unfallversicherung etc.) erfordern einen erhöhten Beratungsbedarf im Bereich der privaten Finanzen. Daneben werden die in den kommenden Jahren großen Summen vererbbarer Vermögen, neben einer steuerlichen Beratung, auch eine gezielte Asset Allocation erforderlich machen.

Es ist damit ein großes Marktpotential für eine umfassende und ganzheitliche Beratungsdienstleistung gegeben.

Die zu gründende Finances & Fortune Ltd. soll ein reines Beratungsunternehmen im Bereich der privaten Finanzen darstellen. Die Beratungsschwerpunkte liegen dabei auf der Beratung von Privatpersonen in den Bereichen Vermögensplanung, Altersvorsorgeplanung, Versicherungsplanung, Liquiditätsplanung, Steuerplanung, Investitions- und Finanzierungsplanung und Erbschaftsplanung. Außerdem werden im Bereich der Privaten Finanzplanung Seminare und Schulungen angeboten. Der Zweck der Beratung ist die Hilfestellung bei der Entwicklung einer optimalen Gesamtstrategie im Bereich der Privaten Finanzen.

Als Umsatzziel wird in der Startphase (ca. 18 Monate) ein Umsatz von monatlich ca. 2.500 Euro erwartet. Nach fünf Jahren soll die Dienstleistung eine der Haupteinnahmequellen darstellen.

2. Produkte/Leistungen

Bezeichnung	Kundennutzen
VERMÖGENSPLANUNG (Vermögensaufbau und -strukturierung)	• Überprüfung der bisherigen Strategie • Optimierung des bisherigen Vermögensaufbaus z.B. Renditesteigerungen, Risikominimierung • Produktvergleiche und Empfehlungen • Empfehlungen zu staatlichen Fördermöglichkeiten
ALTERSVORSORGEPLANUNG (private Rente, Fördermittel)	• Berechnungen zur Altersvorsorge • Versorgungslückenrechnung / Rentenschätzung • Produktvergleiche und Empfehlungen • Empfehlungen zu staatlichen Fördermöglichkeiten
VERSICHERUNGSPLANUNG* (Über- und Unterdeckungen)	• Sind Ihre Versicherungen auf Ihre persönliche Situation zugeschnitten? • Sind Sie unterversichert? Sind Sie überversichert?
LIQUIDITÄTSPLANUNG (Einnahmen/Ausgabenplanung, private Bilanz)	• Übersicht über Vermögen, Schulden, Einnahmen/Ausgaben und Versicherungen • Planung der laufenden Einnahmen und Ausgaben • Renditesteigerungen durch Umschichtung überschüssiger Liquidität
INVESTITIONS- UND FINANZIERUNGSPLANUNG (Immobilienerwerb, besondere Anschaffungen etc.)	• Welches Finanzierungskonzept ist für meine Immobilie am günstigsten? • Bei welcher Bank erhalte ich das passende Angebot? • Soll ich eine Umschuldung durchführen? • Welche Entschädigung kann das Kreditinstitut verlangen? • Empfehlungen zu staatlichen Fördermöglichkeiten
STEUERPLANUNG * / ERBSCHAFTSPLANUNG*	• Steuerkalkulation, Steuertipps Steueroptimierung • frühzeitige Planung der Vermögensnachfolge
FINANZERZIEHUNG	• Seminare und Lernprogramme zur Privaten Finanzplanung • Vermittlung von Finanzwissen

*** In Zusammenarbeit mit Steuerberatern und Rechtsanwälten**

Vorteile gegenüber Konkurrenzprodukte

Die Konkurrenz z.B. Banken, Versicherungsvertreter, Fondsvermittler sind vor allem verkaufsorientiert und produktabhängig. Im Vordergrund steht nicht eine Beratung, sondern ein Verkauf. Es herrscht eine Abhängigkeit von bestimmten Finanzprodukten und es werden überwiegend hauseigene Produkte angeboten. Ein unabhängiger und neutraler Vergleich findet nicht statt. Außerdem ist die Sichtweise der Anbieter begrenzt. Es wird nur ein Teil der Anlagesituation betrachtet. Eine umfassende Beratung unter Einbezug der Wechselwirkung mit anderen Anlagen (z.B. bestehende Anlagen) oder anderen Zielen (z.B. Steuerauswirkung) findet nicht statt. Das zu gründende Unternehmen verfolgt einen anderen Ansatz und bietet folgende Vorteile:

➔ *Beratung* steht im Vordergrund (*kein Verkauf*)

➔ *Unabhängigkeit von Produkten*
Empfehlungen werden zu allen Finanzprodukten gegeben, unabhängig vom Anbieter, unabhängig der Kategorie z.B. Fonds, Versicherung, Sparanlage etc.; der gesamte Markt an Finanzprodukten steht zur Auswahl; es erfolgt eine reine Ausrichtung an den Kundenzielen

➔ *Ganzheitliche Betrachtung*
Empfehlungen geschehen unter einem umfassenden Blickwinkel und berücksichtigen beispielsweise nicht nur die Auswirkung auf die Rendite, sondern ebenso die Auswirkung auf Risiko, Steuern etc.

➔ *Alles aus einer Hand*
komplette Finanzberatung und Steuerberatung kann aus einer Hand geschehen; Koordination zwischen den bestehenden Partnern findet statt

Alleinstellungsmerkmale

Bundesweit gibt ist nur eine geringe Zahl an Beratungsunternehmen in dieser umfassenden Reinform. Regional ist sogar von einer Monopolstellung auszugehen.

Gesetzliche Auflagen

Eventuelle Konflikte mit dem Steuerberatungsgesetz und Rechtsberatungsgesetz. Diese werden aber durch ein Netzwerk aus Steuerberatern und Rechtsanwälten beseitigt.

Schutz der Idee

Ein Schutz des neuen Finanzberatungsansatzes kann nicht durchgeführt werden. Es werden aber der Firmenname und das Firmenlogo beim Markenamt geschützt.

3. Markt / Konkurrenz

Konkurrenzsituation (regional)

Wettbewerbername	Produkt	Beschreibung
Deutsche Bank Raiffeisenbank, Sparkasse	Bankdienstleistungen	gesamte Palette der üblichen Bank-dienstleistungen
Fondsvermittler	Investmentfondsvertrieb	Spezialisierung auf den Vertrieb von Investmentfonds
Versicherungsvertreter	Versicherungsvertrieb	Spezialisierung auf den Vertrieb von Versicherungen

Marktpotenzial

Markttrend in Richtung freie Honorarberater steht erst am Anfang. Das oft eingewendete Argument, das der Kunde aufgrund des Angebots „kostenloser" Beratungen nicht bereit ist für eine Beratung in Finanzangelegenheiten zu bezahlen, kann aufgrund empirischer Untersuchungen nicht bestätigt werden. Der Kunde ist bereit für eine Beratung zu bezahlen, wenn er daraufhin *Unabhängigkeit* und *Neutralität* erwarten kann. Durch die Probleme der Finanzierung der sozialen Absicherung (z.B. Krankenversicherung, Arbeitslosenversicherung, Rentenversicherung, Unfallversicherung) sowie durch das große Potential vererbbarer Vermögen werden Privatpersonen verstärkt erkennen dass eine Planung der privaten Finanzen unabdingbar geworden ist.

Marktchancen und Risiken

Die Marktchancen und das Marktpotential sind demnach gegeben. Die Marktrisiken werden als nicht so bedeutend eingeschätzt, da das Volumen der notwendigen Investitionen nicht sehr groß ist.

Image, Marktstellung, Marktpositionierung

Das Image und die Marktstellung sind durch die bisherigen Tätigkeiten als Unternehmensberater und Steuerberater gegeben, da hier ein Vertrauensvorschuss vorliegt und die notwendige Kompetenz vorhanden ist.

4. Management

Gründerperson

Vorname:	**Nachname:**
Manfred	Mustermann

Funktion/Verantwortungsbereiche im Unternehmen

Unternehmensleitung

Senior Berater

Eigene Qualifikationen

Unternehmensberater, Steuerexperte, Vermögensberater

28 Jahre berufliche Erfahrung in den o.g. Bereichen

Motive für die Unternehmensgründung

Die Firma Manfred Mustermann Unternehmensberatung wurde 1976 gegründet. Die angeschlossene Steuerberatung wurde im Jahre 1925 gegründet.

Ausgangspunkt ist die in der täglichen Praxis erkennbare verstärkte Nachfrage im Rahmen der Steuerberatung, nicht nur nach Steueroptimierung, sondern auch nach einer konkreten (steuerlichen) Asset Allocation und deren Umsetzung.

Durch die Gründung eines Beratungsunternehmens im Bereich der privaten Finanzen soll eine Erweiterung der bisherigen strategischen Geschäftsfelder von Steuerberatung und betriebswirtschaftlicher Unternehmensberatung erfolgen.

Der erkennbare Mangel der bisherigen Marktangebote durch das Fehlen von Unabhängigkeit und Neutralität bei Auswahl der Produkte ist *ein* Motiv für die Unternehmensgründung.

Daneben sind keine echten Beratungsangebote am Markt vorhanden. Bei den angebotenen Dienstleistungen handelt es sich überwiegend um Verkaufsangebote.

Ganzheitliche und vernetzte Betrachtung und Beratung der gesamten Finanz-, Vermögens-, Anlage-, Schulden-, Steuersituation sollen die Schwerpunkte des Unternehmens darstellen.

5. Mitarbeiter

Qualifikationen / Anforderungsprofil der Mitarbeiter

fundiertes Fachwissen in den Bereichen

Geldanlage ; Finanzierung; Vorsorge; Steuern ; Erbrecht ; Rendite- und Liquiditätsberechnungen; Betriebswirtschaft und Volkswirtschaft

EDV-Kenntnisse

freundliches Auftreten

Kommunikationsfähigkeit

Mitarbeiter bei der Gründung

Anzahl

zwei

Aufgabenbereiche

Junior Berater:
Zuständigkeit für kleine und nicht so wissensintensive Planungen
Hilfestellungen bei umfangreichen Planungen durch den Senior Berater

Sekretariat:
administrative Abwicklung (Telefon, Schreibarbeit, Marketingkoordination etc.)
Kundenempfang

6. Rechtsform / Firma

Die Firma wird in der Rechtsform einer Limited geführt. Director ist der Senior Berater. Secretary der Junior Berater.

Außerdem wird eine Vermögensschadenshaftpflicht abgeschlossen. Verschiedene Angebote liegen vor, eine Auswahl wird noch getroffen.

7. Marketing

Preisstrategie

Es soll zur Einführung der neuen Dienstleistung eine geringe Eingangsstufe geschaffen werden. Die Dienstleistungen kann, schon aus Qualitätsgründen nicht zu "Dumping-Preisen" angeboten werden. Anhaltspunkte sind die Preise vergleichbarer Dienstleistungen z.B. Steuerberater setzen einen Stundenpreis von mind. 95,00 Euro (netto) an, Unternehmensberater mind. 132,00 Euro, Rechtsanwälte ab 180,00 Euro, Vermögensberater mind. 128,00 Euro. Es soll ein Bruttostundensatz von 99,00 Euro (= 85,34 Euro netto) als Kalkulationsgrundlage dienen, der Tagessatz beträgt bei 8 Stunden somit 792,00 Euro.

Garantien

Erfolgsgarantie

Der Kunde zahlt nur bei Erfolg; d.h. falls der Kunde keinen quantitativen Vorteil (z.B. Renditeerhöhung etc.) aus der Beratung zieht, zahlt er auch kein Honorar.

Servicegarantie

➔ absolut unabhängige und neutrale Analysen

➔ völlig verständliche und für jedermann nachvollziehbare Darstellungen

➔ graphisch sehr übersichtliche Aufbereitungen

Werbestrategien

Es wird ein Folder entworfen der eine komplette Übersicht über Leistungen und Kundennutzen darstellt. Es werden sog. Folderstationen an verschiedenen Orten (z.B. Geschäfte) gebildet, an denen Laufkundschaften die Prospekte mitnehmen können. Zudem wird eine Website gestaltet. Daneben wird eine insgesamt 24 Monate dauernde intensive Werbekampagne mit Anzeigen in Wochenzeitungen und Tageszeitungen durchgeführt. Im Rahmen der Kampagne werden alle 3 Wochen verschiedene Anzeigen veröffentlicht. In Anzeige 1 wird das Unternehmen näher vorgestellt; in Anzeige 2 die Leistungen; in Anzeige 3 die Produktpakete. Danneben wird in Berichten der Tageszeitungen unter der Rubrik „Neues aus der Wirtschaft" das Unternehmen vorgestellt.

Marketingziele

In der Startphase ca. 8 Monate, soll die Dienstleistung und die Abgrenzung zu den bisherigen Angeboten (Vorteile) regional bekannt gemacht werden. In der Zwischenphase ca. 24 Monate soll der Umsatz monatlich 2.500 Euro betragen. Nach 5 Jahren soll die Dienstleistung eine der Haupteinnahmequelle darstellen.

Produktstrategie

Durch verschiedene Produktpakete soll die Dienstleistung für den Kunden transparent dargestellt werden. Außerdem wird durch die einzelnen Pakete eine optimale Zielgruppenorientierung erreicht und effizienter auf Kundenbedürfnisse eingegangen.

Bezeichnung	**Leistung**
BASIS **ab 99,00 Euro ***	• Überprüfung der aktuellen Struktur • Analyse der aktuellen Struktur • Aufzeigen von Optimierungsmöglichkeiten
Je nach Kundenwunsch kann sich die Überprüfung, Analyse und Optimierung auf einen oder mehrere Teilbereiche beziehen z.B. Altersvorsorge, Steuern, Vermögensstruktur, Versicherungsstruktur, Immobilienfinanzierung etc	
KOMFORT **ab 198,00 Euro ***	• Überprüfung der aktuellen Struktur • Analyse der aktuellen Struktur • Aufzeigen von Optimierungsmöglichkeiten • Produktvergleiche und konkrete Empfehlungen
Je nach Kundenwunsch kann sich die Überprüfung, Analyse und Optimierung auf einen oder mehrere Teilbereiche beziehen z.B. Altersvorsorge, Steuern, Vermögensstruktur, Versicherungsstruktur, Immobilienfinanzierung etc. Im KOMFORT Paket erhält der Kunde zudem konkrete Empfehlungen und neutrale Produktvergleiche mit denen sich die empfohlenen Strategien verwirklichen lassen.	
EXCLUSIV **nach individueller Vereinbarung ***	• ganzheitliche Überprüfung der aktuellen Struktur (Vermögen-, Steuer-, Schulden-, Versicherungs-, Altersvorsorge-, Liquiditätssituation etc.) • Analyse der aktuellen Struktur (Rendite, Risiko, Steuer, Absicherung, Versorgungslücke etc.) • Aufzeigen von verschiedenen Optimierungsmöglichkeiten (Renditesteigerung, Kosteneinsparungen, Risikominimierung etc.) • Produktvergleiche und konkrete Empfehlungen • Hilfestellung bei der Suche nach einem geeigneten Finanzpartner für die Umsetzung
Das EXCLUSIV Paket umfasst eine ganzheitliche Überprüfung, Analyse, Optimierung Ihrer kompletten Vermögens- und Finanzsituation (Vermögensstruktur, Altersvorsorge, Versicherung, Steuerbelastung, Vermögensnachfolge etc.)	

* Der Preis ist abhängig vom Aufwand und den persönlichen Wünschen/Zielen des Kunden.

8. Organisation des Unternehmens

Verwendete Software, Qualität dieser Werkzeuge

Als Software kommen vorwiegend verschiedene Spezialsoftware und Excel zum Einsatz. Es liegen viele sehr gute Modelle vor, mit denen die Dienstleistung effizient durchgeführt werden kann. Umfangreiche einschlägige Literatur schafft das Basiswissen und dient des Weiteren der laufenden Fortbildung. Die Adressverwaltung erfolgt mit Microsoft Outlook. Der Schriftverkehr mit Microsoft Word. Die Analysen werden mit Microsoft Powerpoint präsentiert und mit Hilfe eines Videobeamers auf einer Leinwand anschaulich dargestellt.

Qualitätssicherung

Vorgefertigte Checklisten die laufend angepasst werden, Exceltabellen mit Kontrollsummen und eine jahrzehntelange Erfahrung in der Finanzplanung und Steuerberatung von Unternehmen sichern eine ausgezeichnete Beratungsqualität.

Organisationstechnik

Zum Einsatz kommt neueste EDV-Technik mit Internetanschluss und Farblaserdrucker. Verträge zur rechtssicheren Gestaltung liegen vor. Datenerfassungsformulare, Beratungsprotokolle und weitere Formulare wurden bereits entworfen.

Ablauforganisation

Die Akquisition erfolgt durch Senior und Junior Berater. BASIS Paket und KOMFORT Paket Nachfragen werden vom Junior Berater und ggf. durch den Senior Berater durchgeführt. EXCLUSIV Nachfragen werden vom Senior Berater erbracht. Die Rechnungsstellung und der Bankeinzug sowie die Koordination der Werbekampagne werden neben weiteren administrativen Aufgaben vom Sekretariat übernommen.

9. Umsetzungsplan

Meilensteine bezogen auf Produkt / Leistung

Die Produkte und deren effiziente Durchführung sind bereits vorhanden. Checklisten für die Datenaufnahme stehen ebenso zur Verfügung wie Muster für das Beratungsprotokoll. Das nötige Fachwissen ist ebenso vorhanden. EDV-Programme wie Excel und eine Spezialsoftware runden das Bild ab.

Meilensteine bezogen auf Werbestrategie

Massenmedien

Tageszeitung

Im Januar 2005 werden in zwei verschiedenen regionalen Zeitungen das Unternehmen vorgestellt. Die Vorstellung des Unternehmens erfolgt kostenlos.

Wochenzeitung

Alle drei Wochen beginnend ab Januar 2005 werden in zwei Wochenzeitungen eine zweijährige intensive Anzeigenkampagne gestartet. Muster der Anzeigen liegen vor. Die Anzeigenkampagne besteht aus drei Anzeigen. Es werden so in den nächsten zwei Jahren insgesamt ca. 34 Anzeigen veröffentlicht. Die Kosten werden auf rund 3.400 Euro geschätzt.

Foldergestaltung

Es wird mit Unterstützung eines Fachmanns ein Folder entworfen, welcher das Unternehmen, seine Dienstleistungen und die Vorteile für den Kunden kurz, prägnant und anschaulich darstellt. Die Kosten hierfür werden auf ca. 700 Euro geschätzt.

Folderstationen

Es wurden bereits diverse stark frequentierte Orte besichtigt und teilweise die Genehmigungen zum Anbringen der Folderhalter eingeholt. Weitere Stationen müssen noch ausfindig gemacht werden. Die Kosten werden als gering eingeschätzt, da es sich bei den Stationen um kooperierende Unternehmen handelt.

Direktmarketing an bekannte Kunden

Bestehende Kunden aus Steuerberatung und Unternehmensberatung werden gezielt durch Ansprache und Zusendung des Folders auf die neue Dienstleistung aufmerksam gemacht. Die Kosten hierfür werden als gering angesehen, da die Folderübergabe persönlich erfolgen kann.

10. Finanzierung

Anhang: Kapitalbedarfs- und Finanzierungsplan

Finanzierungskriterien	Betrag
Investitionen zur Leistungsbereitschaft (1)	
Maschinen	0
Fuhrpark	0
Geschäftsausstattung (Büroeinrichtung)	5.000
Patent-, Lizenz-, Franchisegebühren	300
Miete	500
Gesamtsumme aus (1)	**5.800**
Investitionen zur Leistungserstellung (2)	
Grundausstattung Material	500
Warenlager	0
Gesamtsumme aus (2)	**500**
Kosten der Gründung (3)	
Beratung	0
Notar	0
Anmeldungen/Eintragungen	500
Aus- und Fortbildungskosten	0
Kautionen	1.000
Sonstiges	0
Gesamtsumme aus (3)	**1.500**
Gesamter Kapitalbedarf aus (1-3)	**7.800**
Vorhandenes Eigenkapital	
Barvermögen	10.000
Bankguthaben	0
Bausparverträge	0
Betriebsnotwendige Sacheinlagen	0
Eigenleistungen (sofern aktivierungsfähig)	0
Verwandtendarlehen	0
Schenkungen	0
Finanzmittel von privaten Dritten	0
Summe des Eigenkapitals	**10.000**
Vorhandene Sicherheiten	
Haus- und Grundbesitz	0
Lebensversicherung	0
Bürgschaft Dritter	0
Summe der Sicherheiten	0
vorhandenes Gesamtkapital	0
Über- / Unterdeckung	**2.200**

Anhang: Liquiditätsvorschau 2005 (EURO)

Bezeichnung	Jan	Feb	Mär	Apr	Mai	Jun	Jul	Aug	Sep	Okt	Nov	Dez	SUMME
Einzahlungen													
Einlage	10.000												10.000
Umsatzerlöse	1.000	1.500	2.000	2.500	2.500	2.500	2.500	2.500	2.500	2.500	2.500	2.500	27.000
Summe Einzahlungen	**11.000**	**1.500**	**2.000**	**2.500**	**2.500**	**2.500**	**2.500**	**2.500**	**2.500**	**2.500**	**2.500**	**2.500**	**37.000**
Auszahlungen													
Investitionen	6.800	0	0	0	0	0	0	0	0	0	0	0	6.800
Personalkosten	0	0	0	0	0	0	0	0	0	0	0	0	0
Material	500	0	0	0	0	200	0	0	0	200	0	0	900
Miete	500	500	500	500	500	500	500	500	500	500	500	500	6.000
Zinsen	0	0	0	0	0	0	0	0	0	0	0	0	0
Umsatzsteuer	0	0	0	0	0	0	0	0	0	0	0	0	0
sonstige Steuern	0	0	0	0	0	0	0	0	0	0	0	0	0
Privatentnahmen	0	0	0	0	0	0	0	0	0	0	0	0	0
Werbekosten	2.200	0	0	0	0	0	0	0	0	0	0	2.200	4.400
Summe Auszahlungen	**10.000**	**500**	**500**	**500**	**500**	**700**	**500**	**500**	**500**	**700**	**500**	**2.700**	**18.100**
Überschuss/Fehlbetrag	**1.000**	**1.000**	**1.500**	**2.000**	**2.000**	**1.800**	**2.000**	**2.000**	**2.000**	**1.800**	**2.000**	**-200**	**18.900**
Saldo Vormonat	0	1.000	2.000	3.500	5.500	7.500	9.300	11.300	13.300	15.300	17.100	19.100	
Betriebsmittelkredit	0	0	0	0	0	0	0	0	0	0	0	0	
Effektive Liquidität	**1.000**	**2.000**	**3.500**	**5.500**	**7.500**	**9.300**	**11.300**	**13.300**	**15.300**	**17.100**	**19.100**	**18.900**	

Anhang: Liquiditätsvorschau 2006 - 2008 (EURO)

Jahr	2006					2007					2008				
Quartal	1.	2.	3.	4.	SUMME	1.	2.	3.	4.	SUMME	1.	2.	3.	4.	SUMME
Einzahlungen															
Umsatzerlöse	12.000	12.000	12.000	12.000	48.000	12.000	12.000	12.000	12.000	48.000	12.000	12.000	12.000	12.000	48.000
Summe Einzahlungen	12.000	12.000	12.000	12.000	**48.000**	12.000	12.000	12.000	12.000	**48.000**	12.000	12.000	12.000	12.000	**48.000**
Auszahlungen															
Investitionen	0	0	0	0	0	0	0	0	0	0	0	0	0	0	0
Personalkosten	0	0	0	0	0	0	0	0	0	0	0	0	0	0	0
Material	200	0	200	0	400	200	0	200	0	400	200	0	200	0	400
Miete	2.000	2.000	2.000	2.000	8.000	2.000	2.000	2.000	2.000	8.000	2.000	2.000	2.000	2.000	8.000
Zinsen	0	0	0	0	0	0	0	0	0	0	0	0	0	0	0
Umsatzsteuer	0	0	0	0	0	0	0	0	0	0	0	0	0	0	0
sonstige Steuern	0	0	0	0	0	0	0	0	0	0	0	0	0	0	0
Privatentnahmen	0	0	0	0	0	0	0	0	0	0	0	0	0	0	0
Werbekosten	2.050	0	0	2.050	4.100	2.050	0	0	2.050	4.100	2.050	0	0	2.050	4.100
Summe Auszahlungen	4.250	2.000	2.200	4.050	**12.500**	4.250	2.000	2.200	4.050	**12.500**	4.250	2.000	2.200	4.050	**12.500**
Überschuss/ Fehlbetrag	7.750	10.000	9.800	7.950	**35.500**	7.750	10.000	9.800	7.950	**35.500**	7.750	10.000	9.800	7.950	**35.500**

Literaturverzeichnis

Bernheim, B. Douglas Garett, Daniel M.	The Effects of Financial Education in the Workplace: Evidence from a Survey of Households, Working Paper, 2001
Böckhoff, Michael Stracke, Guido	Der Finanzplaner – Handbuch der privaten Finanzplanung und individuellen Finanzberatung, Heidelberg (Sauer) 1999
Ehrlich, Bernard Dembrowski, Anke	Financial Planning – Ganzheitliche Finanzkonzepte für gehobene Anleger, Düsseldorf / Berlin (Metropolitan) 2002
Farkass-Richling, Dirk Staab, Wolfgang	Private Finanzplanung – Ein neues Geschäftsfeld in der steuerberatenden Kanzlei in: Die Steuerberatung, 03/04, S.123 -135, Freiburg / Dormagen
Farkass-Richling, Dirk Staab, Wolfgang	Private Finanzplanung, Vermögensanlage und Steuern Stuttgart (Schäfer-Poeschel Verlag) 2003
Fehrenbach, Peter Kapferer, Helmut	An Investmentfonds verdienen Freiburg (Haufe Verlag) 2001
Forschungsinstitut Sinus Sociovision	Die Psychologie des Geldes in: Pressemitteilung Commerzbank Ideenlabor Oktober / Dezember 2003
Hamm, Margaretha	Vermögende Privatkunden qualifiziert beraten in: bankmagazin, 06/02, S.58-59, Wiesbaden
Hochberger, Bernd,	Financial Planning – Eine Finanzdienstleistung für Private Haushalte des Retail-Segments Wiesbaden (Deutscher Universitäts-Verlag) 2003
Kähny, Falk	Praxisorientierte Erfolgsfaktoren bei der Einführung von Financial Planning in: Banking and Information Technology , 01/03, S. 53-60

Klische, Anke	Banken und Informationen - Der Entwurf eines marktwirtschaftlichen Bankenordnungsrahmens Bergisch Gladbach (Dissertation) 1995
Kloepfer, Jacob,	Marketing für die Private Finanzplanung Wiesbaden (Gabler) 1999
Kollenda, Barbara	Allfinanz und ihre Privatkunden Wiesbaden (Gabler) 1992
Krauss, Peter (Hrsg.) Heinneccius, Jens	Neue Kunden mit Financial Planning – Financial Planning im Private Banking Wiesbaden (Gabler) 2003, S.95-130
Krauss, Peter (Hrsg.) Kruschev, Wesselin	Neue Kunden mit Financial Planning – Financial Planning als zentrales Beratungsangebot des Finanzdienstleisters Wiesbaden (Gabler) 2003, S.167-208
Krauss, Peter (Hrsg.) Schirer, Lorry	Neue Kunden mit Financial Planning - Financial Planning im Affluent-(Personal-)Banking-Bereich Wiesbaden (Gabler) 2003, S.271-303
Kruschev, Wesselin	Private Finanzplanung – die neue Dienstleistung für anspruchsvolle Anleger Wiesbaden (Gabler) 1999
Michpoulos, Alexa	Finanzberatung, die unabhängig ist in: bankmagazin 05/04, S.60
Mitternacht, Edgar Ruesch, Arno	Mehr Gewinn durch systematische Vermögensplanung – Strategien zum Vermögensaufbau Wiesbaden (Gabler) 1995
Mittra, Sid	Practicing financial planning: a complete guide for professionals Englewood Cliffs (Prentice Hall) 1990

Mühlbradt, Frank W.	Wirtschaftslexikon - Daten, Fakten, Zusammenhänge Berlin (Cornelsen Scriptor) 2001, 7. Auflage
Mühlbradt, Frank W.	Die optimale Geldanlage Düsseldorf (ECON) 1990 , 3. Auflage
ohne Autor	Kein Verlass in: finanztest spezial, November 2003, S.57
ohne Autor	poolnews – Das Magazin von maxPool und Jung, DMS & Cie Ausgabe 02/2004, 1. Jahrgang, S.47
Richter, Jörg	Honorarberatung - Neuer Weg in der Beratung vermögender Kunden in: ebs Finanzakademie (Vortrag), 2001, Hannover
Richter, Jörg	Entwicklungen im Financial Planning, in: Banking and Information Technology, 01/03, S. 9 -14
Richter, Rudolf Furubotn, Eirik	Neue Institutionenökonomik – Eine Einführung und kritische Würdigung Tübingen (Mohr Siebeck) 2003
Riedl, Thorsten Wanner, Claudia	Für Finanzberatung zahlt der Kunde oft doppelt Financial Times Deutschland (Frankfurt), 11.01.2001
Rolfsmeier, Manfred	Bei nachweislicher Falschberatung kann Anleger Geld zurückverlangen in: Münchner Merkur, 5.April 2004, S.22
Schäfer, Henry	Vertrauen und Loyalität im Marketing von Finanzdienstleistungen mit Kontraktguteigenschaften in: Zeitschrift für Betriebswirtschaft - Ergänzungsheft H.1/1999

Schäfer, Henry Unkel, Steffen	Private Finanzplanung in Deutschland – theoretische und konzeptionelle Grundlage Arbeitspapiere zu Finanzmärkte und Finanzdienstleistungen Arbeitspapier 03/2000 (Universität Siegen) 2000
Schaubach, Peter	Financial Planning – Vom 60 Meter-Sprint zum Siebenkampf in: IHK-Wirtschaftsforum, 02/01, Frankfurt am Main
Steiner, Jürgen	Meilensteine auf dem Weg zu einem erfolgreichen Financial Planning im Privatkundengeschäft in: Banking and Information Technology, 01/03, S. 15-23, Passau
Steinert, Andrea	Special Financial Planning in: Capital, 2002
Stracke, Guido Thies, Sven	Finanzplanung: Methode, Märkte, Anbieter in: Die Bank, 08/1986, S.402-408
Stracke, Guido Thies, Sven	Individuelle Finanzplanungsberatung als Finanzdienstleistung in: BFuP, Nr.6, 1987 (Jg. 39), S. 513-528
Tilmes, Rolf	Financial Planning im Private Banking Bad Soden (Uhlenbruch) 2002
Vogelsang, Dietmar Sachs, Peter	Handbuch Finanz –und Vermögensgestaltungsberatung – neues Geschäftsfeld für steuer- und rechtsberatende Berufe Stuttgart (Schäfer-Poeschel Verlag) 1999
Vogelsang, Martin	Die Macht der Banken – Ein gesellschaftspolitisches Problem in der Analyse moderner ökonomischer Theorieansätze München (Herbert Utz Verlag) 1995

Internetquellenverzeichnis

ARD Börsenlexikon	http://boerse.ard.de
ASKUMA AG	http://www.askuma.de
Bundesamt für Wirtschaft und Arbeit	http://www.bmwa.bund.de
Bundesaufsicht für Finanzdienstleistungen	http://www.bafin.de
Bundesverband Finanz-Planer e.V.	http://www.bundesverband-finanz-planer.de
Bundesverband für Investment und Asset Management	http://www.bvi.de
Commerzbank AG	http://www.commerzbanking.de
Deutsche Gesellschaft für Finanzplanung e.V.	http://www.finanzplanung.de
Deutscher Verband Financial Planners e.V.	http://www.devfp.de
Institut für Financial Planning	http://www.ifp.uni-passau.de
Institut für Qualitätssicherung und Prüfung von Finanzdienstleistungen	http://www.iqf.info
Net-Lexikon	http://www.net-lexikon.de
Universität Regensburg Kontaktstudium Finanzplanung	http://www.academyforfinance.de
Verbraucherschutz	http://www.verbraucherschutz.de
Zeitschrift Capital	http://www.capital.de

Anlage 1 Muster eines Beratungsprotokolls

BERATUNGSPROTOKOLL		
Gesprächsteilnehmer	**Name**	**Funktion**
	____________	____________
	____________	____________
Ort des Gesprächs	____________	
Grund des Gesprächs	____________	
Dauer des Gesprächs	____________	
Datum des Gesprächs	____________	
Situation/Wünsche des Kunden	____________	
Anlageerfahrung des Kunden	____________	
Risikobereitschaft des Kunden	____________	
Risikohinweise des Beraters	____________	
Empfehlungen des Beraters	____________	
Angaben zu Transaktionskosten / lfd. Kosten	____________	
Ausgehändigte Unterlagen	____________	
Ort, Datum, Unterschrift	____________	
	Kunde	**Berater**

Quelle: Mit Änderungen übernommen aus Vogelsang / Sachs, a.a.O., S. 54

Anlage 2 Grundsätze ordnungsmäßiger Finanzplanung

1. Vollständigkeit bedeutet, alle Kundendaten zweckadäquat zu erfassen, zu analysieren und zu planen. Dieses beinhaltet alle Vermögensgegenstände und Verbindlichkeiten, Einnahmen und Ausgaben, die Erfassung notwendiger persönlicher Informationen und die Abbildung des persönlichen Zielsystems des Kunden.
2. Vernetzung bedeutet, alle Wirkungen und Wechselwirkungen der einzelnen Daten in Bezug auf Vermögensgegenstände und Verbindlichkeiten, auf Einnahmen und Ausgaben unter Einschluss persönlicher, rechtlicher, steuerlicher und volkswirtschaftlicher Faktoren zu berücksichtigen.
3. Individualität bedeutet, den jeweiligen Kunden mit seiner Person, seinem familiären und beruflichen Umfeld, seinen Zielen und Bedürfnissen in den Mittelpunkt der Finanzplanung zu stellen und keine Verallgemeinerungen zu diesen Punkten vorzunehmen.
4. Richtigkeit bedeutet, die Finanzplanung im Grundsatz fehlerfrei, nach dem jeweils aktuellen Gesetzgebungsstand und nach anerkannten Methoden der Finanzplanung durchzuführen. Planungen können per se nicht sicher, sondern nur plausibel sein und allgemein anerkannten Verfahren der Planungsrechnung entsprechen.
5. Verständlichkeit bedeutet, dass die Finanzplanung einschließlich ihrer Ergebnisse so zu präsentieren ist, dass der Kunde sie versteht und nachvollziehen kann sowie seine im Rahmen des Auftrags gestellten Fragen beantwortet erhält.
6. Dokumentationspflicht bedeutet, dass die Finanzplanung einschließlich ihrer Prämissen und Ergebnisse in schriftlicher oder anderer geeigneter Form dem Kunden zur Verfügung zu stellen ist.
7. Einhaltung der Berufsgrundsätze bedeutet, dass ein Financial Planner die für ihn geltenden Berufsgrundsätze - Integrität, Vertraulichkeit, Objektivität, Neutralität, Kompetenz und Professionalität - beachten muss.

Quelle: DEVFP (Deutscher Verband Financial Planners), http://www.devfp.de

Anlage 3 Bestimmung der zeitlichen Priorität der Kundenziele

Ziel	**kurzfristig** (< 1 Jahr)	**mittelfristig** (1-5 Jahre)	**langfristig** (5-10 Jahre)	**langfristig** (> 10 Jahre)
Ausbildungskosten				
Reduzierung der Schuldenbelastung				
Immobilienkauf				
Immobiliensanierung				
Autokauf				
Andere größere Anschaffungen				
Längere Reisen				
Reduzierung der Steuerbelastung				
Arbeitsplatzwechsel				
Kauf einer Ferienimmobilie				
Finanzielle Freiheit				
Einkommenssicherung im Ruhestand				
Kinderwunsch				
Wohltätigkeit				
Immobilienkauf als Altersruhesitz				
Inflationsschutz				
Einkommenssicherung bei Berufsunfähigkeit				
Versorgung der Familienmitglieder im Todesfall				
Früher in Ruhestand gehen				
Sich selbstständig machen				
Wertpapiere kaufen				

Quelle: In Anlehnung an Kruschev, Wesselin, a.a.O., S. 47

Anlage 4 Einteilung der Risikomentalität

Klasse	Risiken	Chancen
Konservativ	sehr gering	sichere, dafür geringe Erträge
Sicherheitsorientiert	gering	relativ sichere Erträge
Ertragsorientiert	Verluste möglich	höhere Erträge
Wachstumsorientiert	überdurchschnittliche Kursrisiken	hohe Erträge und Kursgewinne möglich
Chancenorientiert	sehr hohe Kursrisiken sehr hohe Verluste möglich	sehr hohe Erträge und Kursgewinne möglich

Quelle:

In Anlehnung an Alters-Vorsorge Planer Haufe Verlag (Version 2.0.20)

Anlage 5 Einnahmenerfassung

Einnahmen des Jahres .... Einnahmen	Euro monatlich	Euro jährlich
Einkommen aus nichtselbständiger Arbeit		
1. Jahresbruttolohn des Kunden		
2. Jahresbruttolohn des Partners		
Bruttoeinkommen pro Monat		
Sonderzahlungen vom Arbeitgeber		
1. Zusätzliche Monatsgehälter		
2. Tantiemen etc.		
3. Vermögenswirksame Leistungen		
Gesamtes Einkommen		
Einkünfte aus Kapitalvermögen		
1. Kapitalerträge des Kunden		
2. Kapitalerträge des Partners		
Gesamte Einkünfte aus Kapitalvermögen		
Einkünfte aus Vermietung und Verpachtung		
1. Einkünfte aus Mieteinnahmen des Kunden		
2. Einkünfte aus Mieteinnahmen des Partners		
Gesamte Einkünfte aus Vermietung und Verpachtung		
Sonstige Einkünfte		
Kindergeld etc.		
Gesamt-Einnahmen		

Quelle: Mit Änderungen übernommen aus Stracke/Böckhoff, a.a.O., S.155

Anlage 6 Ausgabenerfassung

Ausgaben des Jahres .... / Ausgaben	Euro monatlich	Euro jährlich
Lebenshaltungskosten		
1. Miete inkl. Nebenkosten		
2. Sonstiges (Lebensmittel, Kleidung, Kfz, Telefon)		
Gesamtsumme Lebenshaltung		
Steuern		
1. Einkommenssteuer		
2. Solidaritätszuschlag		
3. sonstige Steuern (z.B. Zinsabschlagssteuer)		
Gesamtsumme Steuern		
Sozialversicherungsbeiträge		
1. Krankenversicherung		
2. weitere Sozialversicherungsbeiträge		
Gesamtsumme Sozialversicherung		
Schuldentilgung		
1. Kreditzinsen		
2. Sonstiges		
Gesamtsumme Schuldentilgung		
Versicherungsbeiträge		
1. Privathaftpflichtversicherung		
2. Berufsunfähigkeitsversicherung		
3. Lebensversicherung		
4. Sonstige Versicherungen		
Gesamtsumme Versicherung		
Vermögensbildung		
1. Investmentfondssparpläne		
2. Sparpläne (z.B. Bausparpläne)		
Gesamtsumme Vermögensbildung		
Sonstige Ausgaben (z.B. Unterhaltszahlungen)		
Gesamtsumme Ausgaben		

Quelle: Mit Änderungen aus Farkass-Richling / Staab, a.a.O., S. 66 ff

Anlage 7 Private Vermögensbilanz

Vermögen			Private Vermögensbilanz		Schulden
1. Immobilien (jeweils Verkehrswerte)	€ 0,00	0 %	**1. Nettovermögen**	€ 0,00	0 %
Eigengenutzte Immobilien					
Vermietete Immobilien			**2. Schulden** (aktuelle Restschuld)	€ 0,00	0 %
Geschlossene Immobilienfonds			Hypotheken		
			Ratenkredite		
2. Wertpapiere (jeweils Kurs oder Anteilswerte)	€ 0,00	0 %	Dispositionskredite		
Aktien			Sonstige Darlehen		
Festverzinsliche Papiere			Beteiligungsfinanzierungen		
Investmentfonds			Steuerschulden		
Sonstige					
3. Liquide Mittel (jeweils Kontosalden)	€ 0,00	0 %			
Sparbuch					
Festgeld					
Bargeld					
4. Versicherungen (Rückkaufswerte)	€ 0,00	0 %			
Lebensversicherungen					
Rentenversicherungen					
5. Bausparen (Guthaben)	€ 0,00	0 %			
6. Sonstige Vermögenswerte (Schätzwerte)	€ 0,00	0 %			
Andere (Kunst, Antiquitäten etc.)					
Beteiligungen					
Bilanzsumme €	0,00	100%	**Bilanzsumme €**	0,00	100%

Quelle: Mit Änderungen übernommen aus Zeitschrift Capital, 27.12.2001 (http://www.capital.de/bv/dos/fp/112014.html)